Guds Finger
af
Yosefine

Guds Finger - Min historie

af forfatteren "Yosefine"

© 2022 Yosefine Andersen

Forlag: BoD - Books on Demand, Hellerup, Danmark

Tryk: BoD - Books on Demand, Norderstedt, Tyskland

ISBN: 9788743046653

Forord af Pastor Erik Hviid Larsen
Præst i Folkekirken og for organisationen "Tro og Lys"

Forsidebillede, bagsidetekst og indledning: Elisabeth Louise Brøker
Foredragsholder, Kunstner og Bachelor i religionsvidenskab

FORORD.

'Guds finger' er ikke en letlæst kriminalroman, selvom den indeholder alle elementer til en sådan.

Det er noget helt andet. En beretning om et liv fra ødelæggelse til genoprettelse. Det er ikke letlæst. Mange gange vil du stoppe og tænke at det ikke kan være sandt, at mennesker udsættes for sådan ydmygelse og ødelæggelse. At forfatteren slet ikke kan huske, eller fastholde i hukommelsen, de ting der bliver beskrevet. Eller de erfaringer om overgreb og mishandling, som beskrives.

De seneste års mediemæssige afdækning af misbrug og traumer, fortæller imidlertid en anden historie. At de finder sted mange steder rundt omkring i Danmark - i de skjulte sociale lag, og åbenlyst. Forfatteren er symbolet på det samfundets ukendte ansigt, som kræver opmærksomhed gennem denne bog. Forfatteren er et menneske, en borger og en forfatter med en livshistorie, som hun vælger at fortælle. De oplevelser som beskrives, gør at man får mærker på sjæl og legeme.

I diagnosesamfundet hvor sandheden ikke længere er entydig, bliver bogen ekstra interessant i lyset af hvem der har monopol på virkeligheden. Denne form for læsning er nervepirrende og stiller spørgsmålstegn ved selveste virkeligheden og vores forestillinger om det danske samfund

Som en del af skriveprocessen, har forfatteren og undertegnede været rundt i landet, på ? researchture. Forfatteren har brugt turene, gensynet, genoplevelsen som en 'konfrontations-terapi' – i mødet med virkeligheden.

Hvordan overlever og lever man videre med sådanne oplevelser og erfaringer. For forfatteren blev vejen tilbage til livet, - troen på Gud og en efterfølgelse af Jesus i hverdagen.

Ikke letkøbt. Ikke en flugt.

Men et hvilested, og et genskabelsesrum, hvor troen fik lov til ikke at efterlade bitterhed og vrede – men over tid: tilgivelse og fred.

Jeg anbefaler at læse bogen. Ikke som en krimi, ikke som underholdning – men som en vej ud af ødelæggelse til genopbyggelse, både for forfatteren og for mange andre.

Erik Hviid Larsen

Guds Finger

Jesus siger: "Men hvis det er ved **Guds finger,** at jeg driver dæmonerne ud, så **er Guds** rige jo kommet til jer." Lukas 11,20

"Bølgerne fra erindringens hav

bringer hændelser op på livets strandbred.

Jeg går forsigtigt mellem dem. Jeg fortrænger dem ikke.

Jeg ser på dem én for én,

bearbejder dem og lægger dem til side.

Med dem bag mig vandrer jeg fast videre på klippegrund.

Jeg har ansigtet vendt mod lyset.

Skyggerne er bag mig. Livet er foran mig."

Kære Læser

Med denne bog inviteres du ind i et meget specielt univers. Her hører du ikke om et incestoffer set udefra, men indefra. Her fortæller offeret sine traumatiske oplevelser med helt egne ord. Den er derfor ikke skrevet ud fra historiske principper, men ud fra offerets egen bearbejdning af begivenhederne, sådan som hun har oplevet dem.

At skrive en bog om egne oplevelser har for hovedpersonen været en bearbejdning af de spor, begivenhederne har efterladt i hendes sind, grusomme spor, erindringer som har forfulgt hende lige siden. Det har været en smertefuld proces at skrive om oplevelser, som er så forfærdelige, at der dårligt findes ord, som kan beskrive dem. Som en væsentlig del af bearbejdelsen har hovedpersonen besøgt de steder, hvor hendes dysfunktionelle familie boede. Som andre dysfunktionelle familier flyttede også hovedpersonens familie mange gange, sandsynligvis på tidspunkter hvor folk fra kommunen havde fået mistanke om, at der var noget galt i familien.

For at bearbejde oplevelserne tog hovedpersonen ud til alle de adresser, familien havde boet på. Hendes præst og mentor, Pastor Erik Hviid Larsen ledsagede hende og hjalp hende igennem besøgene. Her genoplevede hun med alle sine sanser de traumatiske begivenheder. Hun fortalte om dem til sin mentor, som lyttede og bad for hende. Hun skrev erindringerne ned, når hun kom hjem efter de enkelte besøg.

Disse beretninger blev grundlag for denne bog. Der er et omdrejningstidspunkt i denne bog. Det var på det tidspunkt i sit liv, da hun blev bevidst om, at hun måtte flygte. Derfor begynder bogen med denne flugt, som var helt igennem kompliceret. Efter beretningen om flugten vender hun tilbage til dette omdrejningstidspunkt og fortæller om de oplevelser, hun havde på de forskellige steder, idet hun begynder med de seneste og går tilbage i tiden til de tidligste oplevelser. Undervejs oplever hun lysglimt midt i alle de mørke oplevelser, lysglimt, som har vist hende, at der måske kunne være et håb. Et særligt menneske åbnede hendes sind for dette. Uden dette glimt af lys og håb tror hun ikke selv, at hun var kommet levende igennem mørket.

Elisabeth Louise Brøker

Indhold

Familien

Flugten

Tilbage til "Vejen mod nulpunktet"!
Tilbage til Længe

Rundhusene uden for Bendtsted

Græmme

Længe

9

Det gule hus i Væmmelse 124

Beretningen om mit liv begynder, da jeg er 14 år

Vejen tilbage mod nulpunktet begynder der.

Teenager på flugt fra familien i Længe

Kapitel 1: Familien

Igen var familien flyttet til byen Længe. Det var anden gang, vi havde boet på Vang 4 i Længe. Familien bestod af min mor, Mette, min stedfar Carlo, min lillesøster Gussi, min lillebroder Palle og mig. I en mindre by, Smagle, som ikke lå langt fra Længe, boede min mormor. Her havde i sin tid også min morfar været. Han havde fortalt mig om Jesus, og om mange af de ting, Jesus havde sagt om at elske Gud og sin næste og den gyldne regel: "Alt, hvad I vil, at mennesker skal gøre mod jer, det skal I også gøre mod dem" (Matth. 7,12). Men især dette: Gud elsker alle, de er alle Guds børn, også selv om de ind i mellem fejler. Hos Gud er der tilgivelse. Morfar var og er stadig i mine tanker det faste holdepunkt i mit liv. Han døde, før jeg blev 6 år, men han nåede at plante et håb, et anker i mit hjerte. Han var den, som viste vejen til Jesus og åbnede mit hjerte for min barnetro. Uden den var jeg ikke kommet igennem de trængsler, som resten af min familie blev årsag til. Det gav mig styrke og håb midt i trængslerne. Selv om det var mange år siden, jeg mistede min morfar, gav mindet om ham mig mod til at flygte fra familien som teenager. Efter vi var flyttet til Længe, voksede den tanke i mig. Jeg måtte væk, jeg måtte bruge den styrke, mindet om morfar gav mig ved at fortælle mig, at Jesus var med mig hele vejen, hvor vanskelig den end måtte være.

Kapitel 2: Skolen

Vi havde boet i Længe et par uger. Gussi var væk om dagen. Jeg spurgte hende, hvad hun lavede. Hun svarede, at hun gik i skole. Jeg sagde, at jeg også ville gå i skole. Hun gik i 7. klasse. Min mor sagde nogen gange, at jeg skulle gøre mig i stand, for måske kom der en dame, der ville se mig. Sådan var det i flere dage. Jeg sad for enden af spisebordet. Min mor for den anden ende. Der kom ingen dame. Måske mente min mor, at hun selv var denne dame?

Mor, hvorfor vil du gerne give mig videre til en fremmed dame?

Jeg skrev et brev til Gussis klasselærer "JD" om, at jeg ville gå i skole. Min mor tog mig ud til Længe Skole og ind i skolegården, men vendte om. Det skete flere gange. En dag gik jeg ind på skoleinspektørens kontor. Min mor var med. Hun gav skoleinspektøren et stykke papir. Hvad der stod, ved jeg ikke. Inspektøren sagde, at jeg kun måtte gå i skole, hvis jeg gjorde det, min mor sagde. Hun sagde som regel aldrig noget. Jeg blev meget forvirret.

Mor, hvorfor vil du ikke have, at jeg går i skole og bliver dygtig?

En dag kom jeg til 1. sal på Længe Skole. Jeg skulle finde 8. klasse. Jeg vidste ikke, hvor det var. Ingen havde fortalt mig det. Jeg havde lange fletninger og stod og græd hjerteskærende. Der kom en lærer på gangen. Han lukkede mig ind i 8. klasse. I klassen var der en mandlig lærer med briller, der underviste. Han havde ikke forstået, at jeg var den nye i klassen. Han spurgte mig, hvad der stod på side det og det? Jeg svarede, at det vidste jeg ikke. Jeg blev sendt udenfor, fordi jeg ikke vidste det. Jeg havde ikke fået nogen bøger. Mange gange rakte jeg hånden op for at gøre opmærksom på dette. Jeg blev ignoreret. I flere dage var jeg i skole uden at få bøger.

Hvorfor var der ingen, der så mig eller lyttede til mig?

Jeg skrev et nyt brev til Gussis klasselærer "JD" og bad hende aflevere det til ham. Hun måtte under ingen omstændigheder fortælle det til vores mor. Jeg havde skrevet forløbet med læreren ned. Det endte med, at jeg fik bøger. Det var inde i skoleåret. Måske var det også der, min klasselærer Fru "S" besøgte min mor og fortalte, at jeg skulle gå i skole. Jeg havde gode evner. Fru "S" besøgte også min mor, da jeg gik i 9. klasse.

Kapitel 3: Morgenmaden

Havregrøden simrede på komfuret. Min mor rørte i den med højt humør. Gussi sad ved køkkenbordet, der var dækket af en masonitplade. Jeg vågnede nede i kælderen ved duften af havregrøden. Der var ingen, der havde vækket mig. Vi havde ikke noget vækkeur. Jeg skulle i skole, men først spise havregrød. Vores mor spurgte Gussi, om "damen" ville have mere, og øsede op til hende. Da hun så mig, blev hun trist i ansigtet og gik ind i deres soveværelse, hvor hun lukkede døren til. Jeg skulle selv tage min havregrød fra komfuret. Mens jeg spiste den, kørte Gussi til skole. Jeg blev behandlet som tyende, eller som om jeg ikke var til.

Mor, hvorfor behandler du mig, som om jeg ikke er til?

Min stedfar, Carlo, var uddannet smed. Han var begyndt som beslagsmed i weekenderne. Han skoede heste på rideskoler. Han havde fået kontakt til en hudlæge i Høstby. Der ville Carlo og Mette gerne have, at jeg skulle i huset. Jeg var ikke interesseret i at komme i huset. Jeg ville gå i skole. Jeg var hos dem i weekenden. Min mor havde sagt, at det var vigtigt, at jeg vaskede gulvet under gulvtæppet.

Mor, hvorfor skal jeg vaske gulvet under gulvtæppet, der dækker hele stuen?

Da jeg kom hos dem næste gang, tog jeg noget værktøj og fjernede noget af deres væg til væg gulvtæppe og vaskede et stykke gulv. Det var de meget overrasket og forundret over.

De havde to teenagedrenge. Moderen gik i seng med en af deres sønner. Det foregik i badekarret. Hun kaldte på mig, så jeg kunne se det. Jeg skrev om det i min fristil til Fru "S".

Mor, hvorfor skal jeg i huset hos dem?

Mette og Carlo fik 250 kr. for hver weekend, jeg var der. Jeg blev hentet og bragt. Jeg fik ingen penge. Jeg skrev til dem i Høstby, at jeg ikke var interesseret i at komme, da Carlo og Mette tog mine penge.

Sidste gang, jeg var der, skulle jeg selv tage bussen hjem. Det endte med, at jeg tog bussen den forkerte vej og for vild. Det var mørkt. Det var vinter. Jeg fandt en telefonboks og ringede hjem og sagde, hvor jeg var - eller også ringede jeg til hudlægen? Det kan jeg ikke huske. Jeg fik et telefonnummer til en taxa og ringede efter en. Den kørte mig til Vang 4, hvor jeg boede. Mette og Carlo ville ikke betale. Taxachaufføren sagde, at han ville køre mig til et børnehjem, og der ville jeg få tæsk. Jeg svarede, at det fik jeg også, hvor jeg var nu. Efter et stykke tid kom min mor ud med bøjet hoved og betalte nødtvunget chaufføren penge. Jeg gik ind i huset og ned i kælderen. Da jeg kom ind, var de ikke glade for at se mig eller bekymrede over, at jeg var faret vild og havde vandret i flere timer i mørket på de øde landeveje. Nej, de hvæsede over at skulle betale 80 kr. Min mor var vist mest bekymret for, om de fik de 250 kr. fra speciallægen, fordi jeg havde været hos dem i weekenden. Det var ikke noget, jeg ønskede. Jeg vidste ikke, at de fik penge for det. Jeg fik ingen. Det forhindrede mig i at lave lektier. Mette og Carlo havde ikke fulgt med tiden. De forholdt sig ikke til det omgivende samfund eller samfundets spørgsmål.

Mor, hvorfor er I ikke glade for at se mig?

Kapitel 4: Gussis konfirmation

Pludselig en dag, inden vi skal sove, siger Gussi: "I morgen skal jeg i kirke". Jeg vidste ikke hvorfor. Vi gik aldrig i kirke. Jeg vidste ikke, at hun skulle konfirmeres. Ingen havde fortalt mig noget. Jeg var ikke med i Længe Kirke, men blev sat til at smøre smørrebrød til 14 personer. Ole, min stedfars morfar, var også med. Gussi læste telegrammer op ved bordet. Hun havde fået en konfirmationskjole.

Hun havde den ikke på inde ved bordet. Jeg måtte ikke se den. Jensine fra Bendtsted var også inviteret. Hun havde en lang brun kjole på. Den var lavet af små hæklede firkanter. Man kunne se igennem den. Carlo var højrøstet og opstemt. I gæsternes påsyn gav han mig 500 kr. som tak for hjælpen til Gussis konfirmation. Jeg tog imod dem og gik ned i kælderen. Carlo gik efter mig og tog dem igen. Han sagde, at jeg skulle være glad for, at jeg overhovedet blev inviteret med til festen. Det syntes jeg var en underlig kommentar, da jeg boede i huset.

Mor, hvorfor griber du ikke ind?

Carlo gik op og gav Jensine de 500 kr. Det var ret tydeligt, at han forventede at få sex med hende. Carlo sagde, at der var flere penge, hvor de kom fra. Hendes mand var der også. Jensine sagde, at hun havde en frygtelig hovedpine. De kørte hjem. Da de gik, sagde Carlo, at han håbede, at de dyttede to gange, når de kørte, ellers ville de blive slået ihjel. Jeg gik ud og sagde det til dem. De dyttede to gange. Carlo var opstemt, for nu havde naboerne hørt, at han havde holdt en "god" fest.

Jeg havde syet en lyserød buksedragt fra bladet Burda. Jeg havde en skjortebluse på indenunder. Den var fra min konfirmation. Andendagstøj. Det havde jeg på til Gussis konfirmation. Jeg blev konfirmeret i Bendtsted.

Vi skulle ud i haven på plænen. Vi skulle fotograferes. Min mor sagde til mig, at jeg skulle stå lige frem, men dreje mit hoved til højre, som om jeg kiggede på nogen på vejen. Jeg skulle dreje mit hoved helt til højre. Min mor ville ikke have, at mit ansigt kom med på billedet. Senere, mange år senere så jeg billedet. Gussi havde sin konfirmationskjole på. Den jeg ikke måtte se, at hun havde.

Mor, hvorfor vil du ikke have, at jeg er på billedet?

Kapitel 5: Bonderoserne

Lyset var så smukt. Det var skumringstid. Bonderoserne havde et særligt lys. Jeg vækkede min mor, for at hun skulle se det. Hun sov i deres tillukkede soveværelse. Der lugtede af sperm, sved og sure sokker. Vinduet kunne ikke åbnes. Der blev sjældent luftet ud. Min mor stod ikke op for at se blomsterne, men næste dag hev hun arrigt og hidsigt alle buskene med bonderoserne op med rode. Jeg skulle ikke have noget smukt at kigge på.

Mor, hvorfor må jeg ikke have noget smukt at se på?

En dag sagde min mor, at jeg skulle smøre Gussis mad. Jeg svarede, at det kunne hun da selv gøre. Jeg blev mødt med aggressivitet. Jeg gik derfor op i køkkenet, smurte en madpakke med 4 halve stykker rugbrød, pakkede det ind i pergamentpapir, skrev Gussi udenpå og lagde den i køleskabet. Jeg gik ned for at sove. Min mor kom ned i kælderen med et stykke pap, hvorpå hun havde skrevet, at den, der skrev under på det, skulle hjælpe Gussi. Jeg skrev min mors navn, da det var hende, der skulle rydde op. Min mor prøvede en gang til. Denne gang med en anden ordlyd. Min mor afleverede det ikke selv til mig, men Gussi kom ned i kælderen med papstykket. Jeg skrev: "NEJ".

Mor, hvorfor taler du ikke selv til mig?

Kapitel 6: Den lille pige

En eftermiddag ringede en lille pige på døren. Hun spurgte mig, om vi skulle lege. Det sagde jeg nej til og gik tilbage til mine lektier. Jeg blev senere klar over, at min mor havde lavet en aftale med pigens mor om, at jeg skulle passe hende. Hun havde bare ikke spurgt mig.

Næste dag kom den lille pige, ringede på døren og sagde, at hendes mor havde sagt, at jeg skulle lege med hende. Jeg sagde, at det skulle jeg ikke. Den lille pige kom flere dage og sagde det samme hver gang. Den lille pige var vred over, at jeg ikke ville lege med hende. Jeg var 15 år og ville ikke lege med en på 4-5 år. Jeg var optaget af at lave lektier fra kl. 15 -17 hver dag.

En dag sad jeg og lavede lektier. Min mor kom og sagde, at der var noget til mig i haven. Der var ikke noget. Pludselig kom den lille pige løbende og sagde, at jeg skulle lege med hende. Først ville jeg ikke, men legede så: "Bjørnen sover". Min mor fik penge for, at jeg legede med den lille pige, men det fandt jeg først ud af senere. Carlo stod i vinduet og kiggede ud på os. Han var pædofil. Jeg fik ikke nogen af de penge, min mor modtog ved havelågen. Jeg så det og undrede mig

En dag kom moderen til den lille pige. Jeg gik udenfor på græsset for at høre, hvad min mor og pigens mor talte om. Jeg stod et sted, hvor jeg ikke kunne ses, men jeg hørte noget, hvor jeg kunne regne ud, at min mor havde reageret på en annonce i lokalavisen, hvor nogen havde søgt en til børnepasning nogle timer hver eftermiddag.

En dag sagde min mor til mig, at jeg skulle give den lille pige nogle piller, og hvis der kom en læge, skulle jeg bare sige, at jeg havde givet hende nogle bolcher.

Mor, hvorfor vil du have, at jeg skal lyve?

Jeg havde nu forstået, at min mor fik penge fra pigens mor. Det var den pige, jeg blev bedt om at give to tabletter, som om det var bolcher. Min mor var væk nogle timer. Når hun kom tilbage, var hun euforisk og grinende. Vi var fattige. Vi havde ofte ikke råd til mad. Jeg vidste ikke, hvad det var, min mor bad mig om at give pigen. Jeg havde svært ved at forestille mig, at min mor ville give pigen noget, der kunne skade hende. Min mor havde ikke passet pigen. Det var det, hun fik penge for. Jeg fik ingen. Jeg sagde til den lille pige, at hun ikke skulle komme mere, og at hendes mor ikke skulle give min mor penge.

Pigen kom igen. Når den lille pige kom, forsvandt min mor. Hvor hun gik hen, vidste jeg ikke. Hun sagde aldrig noget. Gik bare. Min mor havde igen sagt, at jeg skulle give den lille pige de to tabletter. Nu skulle jeg sige, at det var vitaminpiller. Det gjorde jeg, men undrede

18

mig over, at hun skulle have vitaminpiller, og hvorfor hendes mor ikke selv gav hende dem derhjemme. Jeg tog hende ind i stuen. Jeg gav hende to tabletter, som min mor havde sagt. Hun faldt i dyb søvn. Sådan gik der nogen tid.

Mor, hvor gik du hen, når du gik væk?

Jeg kan huske, at der en dag kom en læge og undersøgte den lille pige, mens jeg lavede lektier. Han spurgte mig om mit forhold til den lille pige. Jeg svarede, at det var en, min mor passede, og at hun havde sagt, at jeg skulle give hende to tabletter og sige, at det var bolcher eller vitaminpiller. Jeg havde jo set og hørt ude i haven, at hun fik penge for, at den lille pige kom og fik sovemedicin.

Lægen var der, da min mor kom hjem. Lægen spurgte min mor, der med undvigende stemme og nedslået blik svarede løgnagtigt, at det var mig, der havde givet pigen tabletterne, og at jeg måtte have fundet dem i skabet, for det kunne hun naturligvis aldrig finde på. Lægen var meget skeptisk og med god grund.

Mor, hvorfor lyver du overfor lægen?

Da lægen var gået, satte jeg mig for enden af spisebordet med den gule voksdug og de brune blomster. Pludselig kom der en fremmed dame ind i stuen og hentede den lille pige, der var søvnig og næsten ikke kunne gå.

Mor, hvem er den fremmede dame, der henter den lille pige?

Den lille pige kom en sidste gang. Hun havde sin mor i hånden, hun havde haft hallucinationer efter at have fået medicinen. Hun fortalte, at hun havde set en mand, da hun sov. Det kunne selvfølgelig være lægen, hun havde hørt i det fjerne.

De går ud af stuen. Jeg sidder ret upåvirket i stuen ved den gule voksdug og laver mine lektier. Jeg registrer alt, hvad der foregår, men har ingen synlige følelsesmæssige reaktioner. Livet havde lært mig, at det var alt for farligt.

Da jeg nu havde forstået sammenhængen, blev jeg vred. Dels over at være blevet udnyttet. Dels over at den lille pige kom hver dag, når jeg skulle lave lektier. Dels over at min mor ikke havde sagt noget og i særdeleshed over, at min mor fik penge for noget, der var så ondskabsfuldt.

Mor, hvorfor er du så ond mod den lille pige?

Men jeg blev ved med at lave lektier. Jeg vidste, at jeg skulle være dygtig og flittig for at blive fri for den arbejderfamilie, jeg var vokset op i.
Jeg havde på den tid nogle lærere, som opmuntrede mig til at bruge mine evner. Jeg takker Gud for dem, for de hjalp mig, så jeg senere var i stand til at tage en uddannelse.

Kapitel 7: En sommer

En sommerdag er alle væk. Ingen har sagt noget til mig. Pludselig kommer Carlo med et stort skrivebord ind i stuen. Det har han arvet efter sin morfar Ole. Jeg havde en god kontakt til hans morfar, besøgte ham ofte om eftermiddagen, hvor vi drak te sammen. Han lyttede til mig. Ingen havde fortalt mig, hvad der var sket.
Der var noget over Ole, som kunne lede mine tanker over på min egen morfar, som kunne minde mig om den barnetro, som min morfar varsomt havde ført mig til. Ole forstod på sin egen stilfærdige måde, at man havde brug for det håb, Jesus kunne give. Det var hans tro.

En dag siger min mor til mig, at jeg skal gå med hende. Vi skal besøge Carlos morfar, siger hun og spørger mig, hvad jeg vil sige til ham, og hvad jeg tror, at han vil gøre. Det fortæller jeg så glad. Vi går op ad Hovedgaden, men da vi nærmer os huset, siger hun, at vi skal over vejen, for han er under jorden. Jeg forstår ikke, hvorfor han er under jorden. Han er død. Jeg vidste ikke, at han var død. Jeg var ikke med til begravelsen.

Mor, hvorfor fortæller du mig ikke, at Ole er død?

En anden dag tager min mor mig med ud til gravstedet. Hun har en glaskrukke med. Der er noget gult i. Jeg ved ikke, hvad det er. Hun siger, at jeg skal lugte til det, vist også drikke lidt af det og gentage nogle ord, hun siger, og smide det gule på gravstenen. Det gør jeg. Min mor er i et meget mærkeligt humør, fuld af fortræd og foragt. Jeg forstod ikke, hvorfor jeg skulle gøre det. Det var mit indtryk, at min mor ville hævne, at Ole havde skældt hendes mand Carlo ud, og at hun ville hævne sig på ham, fordi han var kristen.

Men hvad det så end var, føler jeg mig sikker på, at det ikke kunne slukke det håb, som lyste gennem ham. Det kunne ikke skade ham. For han var hos Gud.

Mor, hvorfor behandler du mig dårligt efter Oles død?

Min mor sad og talte nogle mønter sammen. Hun sagde, at jeg gerne måtte gå til frisør. Det var en, hun selv havde udvalgt. Jeg skulle komme der først på eftermiddagen. Jeg skulle bare studses og have klippet pandehåret. Frisøren talte venligt og pænt til mig. Da jeg kom hjem, spurgte min mor mig, om jeg havde været til frisør, og om hvordan hun havde talt til mig - nemlig venligt. Min mor blev stiktosset, tog sin skræddersaks gik med mig hen til frisøren og sagde, at hun skulle klippe mit hår helt op til ørerne og mit pandehår skævt. Det gjorde frisøren. Jeg tror ikke, hun turde gøre andet. Min mor ønskede, at jeg skulle se grim ud. Hun ville gerne fremstille mig som handicappet.

Mor, hvorfor vil du gerne have, at jeg ser grim ud?

En dag kan jeg mærke, at min mor er irritabel. Hun bliver pludselig meget vred. Jeg ved ikke hvorfor. Hun rusker mig i armen, river og flår. Jeg får fat i skræddersaksen, åbner den og sætter den mod hendes strube og siger, at det kun er, fordi hun er bange for at komme i fængsel, at hun ikke har slået mig ihjel. Jeg lægger skræddersaksen ned i køkkenskuffen. Min mor tager fat i den med højre hånd, men lægger den ned igen. Hun går ind i deres soveværelse.

Mor, hvorfor vil du slå mig ihjel?

Kapitel 8: Morris Marina og en Monaco

En dag sagde Carlo, at jeg skulle gå lidt hen ad vejen. Jeg gik på Tværvej. Det var en grusvej. Carlo kom kørende i en Morris Marina, åbnede døren og sagde, at jeg skulle sætte mig ind. Det havde jeg ikke lyst til, men han lød truende. Jeg husker det ikke helt. Jeg satte mig ind på forsædet. Han prustede og stønnede, mens han kørte. Han sagde ikke noget. Jeg blev bange, da vi kørte ombord på færgen. Jeg vidste ikke, hvad det var, eller hvor vi skulle hen. Vi kørte ind på vogndækket. Carlo låste mig inde i bilen. Jeg kunne ikke åbne bildøren. Andre kunne ikke åbne bildøren udefra. Jeg fik ikke noget at spise eller drikke. Jeg sad i mørket i flere timer. Hele sejladsen. Carlo sagde stadig ikke noget. Vi kørte langt. Vi kom til en lille by lidt udenfor Aalborg. Der boede Signe, som han var vokset op sammen med, hvor han havde været i pleje. Signe var gift med Karl.

Jeg brød mig ikke om at være der. Jeg spiste intet. Hver dag i flere uger kørte de på udflugt. Jeg var ikke med. Det ville jeg ikke. Der var en lille pige på 5 år. Hun blev hjemme. Hun ville gynge. I flere uger gik det sådan. Da jeg kom tilbage til Vang 4, havde jeg tabt mange kilo. Jeg lagde mig udmattet på min seng i kælderen. Jeg havde haft en forfærdelig sommer.

Vi sad i bilen. En sort Monaco. Den var lejet. Der var lige plads til 5. Først ville jeg ikke med, lå i min seng i kælderen. Gussi kom og sagde: "Vi kører en tur." Jeg svarede: "God tur." Gussi kom og sagde, at de ikke kørte uden mig. Jeg svarede, at de ikke behøvede at vente på mig, at de bare kunne køre. Gussi gik frem og tilbage med beskederne. Det viste sig, at de alle sad i bilen ude på vejen. Jeg blev mødt med en trussel. Jeg blev tvunget med følelsesmæssige og psykiske trusler til at sætte mig ind i bilen. Jeg sad på bagsædet bag Carlo, der sad ved rattet. Der var en underlig anspændt atmosfære. Min mor kiggede indsmigrende på mig med en beregnende mine og sagde, at jeg skulle kigge op i bakspejlet. Hendes tanke var, at jeg skulle møde Carlos blik i bakspejlet, og at hun ville kontrollere min sjæl. Jeg kiggede op over bakspejlet. Min mor sagde, at jeg skulle kigge ud ad vinduet. Jeg drejede hovedet og kiggede ud ad sidevinduet. Hun mente ruden foran. Der var en meget anspændt atmosfære. Min mor sagde, at jeg skulle kigge

Carlo i nakken. Jeg kiggede på nakkestøtten og tænkte, at han var ekstrem dum. Der var en underlig sødlig lugt. Lugten af sperm. Min mor tog sin venstre hånd og lagde den på hans højre lår og spurgte indsmigrende, ja nærmest med en andægtig stemme: "Var det godt?" Min mor tændte på kontrollen sammen med Carlo. De var sexsadister. De nød ondskaben.

Mor, hvorfor nyder du at være ond mod mig sammen med Carlo?

Kapitel 9: Kommodeskufferne

Mine søskende og jeg havde værelse i kælderen. Det var meget spartansk indrettet. Tre senge og en kommode. Gussi havde de øverste skuffer i kommoden. Jeg de tre nederste. En dag kom min mor ned i kælderen. Hun havde et specielt udtryk i ansigtet. Hun sagde, at jeg skulle kigge i mine skuffer. Det gjorde jeg. Der lå trusser. Min mor vendte ryggen til mig et kort øjeblik, og da hun igen vendte sig mod mig, sagde hun, at jeg skulle kigge i mine skuffer. Det gjorde jeg. De var tomme. Jeg blev forvirret. Min mor var henrykt lykkelig over min forvirring. Hun gik op til stuen. Jeg kiggede i Gussis skuffer. De var fyldt med trusser. Jeg tog nogle af dem og lagde dem i mine tomme skuffer.

Mor, hvorfor er du lykkelig, når jeg bliver forvirret?

Jeg måtte ikke få noget at spise eller drikke, når jeg kom fra skole kl. 15. Min mor lå og sov. Når Gussi kom hjem, stod hun op og lavede Medova te til hende. Jeg måtte ikke bruge et frisk tebrev, men skulle bruge Gussis aflagte. Vores mor sad for bordenden. Gussi ved hendes venstre side. Vores mor kiggede hende dybt i øjnene. Jeg sad langt væk ved den anden bordende med min tynde kop te. Ingen snakkede til mig. Vores mor havde lavet en pagt med Carlo og Satan om, at Gussi altid skulle have det bedste, ikke jeg.

Mor, hvorfor har du lavet en pagt med Carlo og Satan?

Når jeg kom hjem fra skole, læste jeg lokalavisen. Det var den eneste avis i mit barndomshjem udover fagbladet Metal. En dag, da jeg kom hjem, var der klippet i lokalavisen. Min mor havde klippet i annonceafdelingen. Min mor havde fundet en annonce fra Mirakel Priser, som hun absolut ikke ønskede, at jeg skulle se.

En eftermiddag sagde min mor meget beslutsomt, at jeg skulle gå med hende. Jeg var på vagt, men gik med hende. Vi gik op ad Hovedgaden til Mirakel Priser. Den lå på venstre side. Vi gik ind. Min mor gik hen til kassen og talte med en kvinde om, at jeg skulle hen til en, der var i baglokalet. Der stod Gussi på en stige. Hun lagde tøj på plads. Jeg sagde til hende, at hun skulle gå ned, og at hun ikke måtte stjæle. Det viste sig, at hun havde fået noget arbejde nogle timer med at lægge tøj på plads. Min mor ønskede, at jeg skulle tilbede og beundre Gussi. Det bragte sorg i mit hjerte. Sorgen i mit hjerte glædede min mor.

Mor, hvorfor er du glad og lykkelig, når jeg bliver ked af det?

Kapitel 10: To film og lejrskolen

Carlo og Mette siger, at jeg skal se en meget vigtig film i fjernsynet. Det er eftermiddag, og der er tilsyneladende ingen andre i stuen. Jeg sætter mig alene ned for at se fjernsyn. De sidder bagved mig, flere meter væk. Jeg er omkring 15 år. Filmen starter. En frygtelig kedelig film om nogle engelske minearbejdere, der sidder på et værtshus og drikker øl. De taler walisisk. Jeg finder filmen frygtelig kedelig. I filmen sidder de og skåler højrøstet. Noget jeg absolut ikke bryder mig om. Filmen nærmer sig sin afslutning, og en minearbejder tager en ung pige med sorte nylonstrømper med huller i på lårene og i skridtet. Det skulle så være deres introduktion til seksuallivets verden. En frygtelig kedelig film og en kultur, jeg finder meget frastødende.

Mor, hvorfor skal jeg se den film?

En dag i skolen så vi filmen: "Kongen Bød". Det må have været i 9.

24

klasse. Jeg kommenterer filmen højlydt, mens vi sidder i mørket. Jeg glemmer, at der er andre i lokalet. Jeg lever mig helt ind i filmen. Især der hvor adelsmanden overfalder en kvinde og krænker hende seksuelt. Ved et bryllup siger præsten, at han kommer for at ligge med bruden. Det var tiende til præsten i filmen: "Kongen Bød".

Da jeg gik i 9. klasse, skulle vi på lejrskole. Vi skulle til Kegnæs. Det ligger syd for Als. Jeg blev mobbet af en mørkhåret pige fra parallelklassen. Jeg havde ikke set hende før. Hun truede med at tage min køje. Jeg turde ikke forlade den, for så havde jeg ikke noget sted at sove.

Fru " S", hvorfor så du ikke, at jeg blev mobbet?

Kapitel 11: Palle

Palle var omkring 10 år, og jeg omkring 15 år. Pludselig tager Carlo ham med ud i den lille entré. Det var efter, at Palle havde sagt ham imod ved spisebordet. Carlo kastede ham som en bold op ad alle væggene. Jeg så det. Han blev som et foster og lå i fosterstilling. Jeg så det. Hans personlighed blev ødelagt. Han turde aldrig sætte grænser mere. Ingen hjalp ham. Vores mor gjorde intet. Jeg tror, at hun var bange for at blive slået ihjel. Jeg var bekymret for, om Palle fik sin normale størrelse igen. Jeg kunne ikke gøre noget. Jeg husker ikke mine følelser. De var væk.

I sengen ved endevæggen havde Palle sin seng. Han var 10 år, da han opdagede, at han kunne få rejsning og sædafgang. Han lå og eksperimenterede med sig selv. Han græd, fordi der kom noget ud af ham selv, og han ikke vidste, hvad det var. Pludselig kom vores mor ned i kælderen. Hun smilede underfundigt, da hun tog hans lem i sine hænder. Pludselig var Palle forsvundet fra sin seng. Senere kunne høres rytmiske bevægelser fra hendes soveværelse. Carlo var ikke hjemme. Hun havde sex med sin søn, der var 10 år gammel.

Mor, hvorfor har du sex med din søn?

Jeg var 15 år, da jeg hørte min mor "kvidre" i gangen. Jeg nærmede mig for at se, hvem hun talte med. Hun talte med sin broder Hasse. Han stod ude på vejen. Min mor spurgte ham, hvad han havde gjort, siden han havde fået så mange penge. Han svarede tøvende, at han havde sovet ved siden af deres mor (Eva, min mormor). Min mor svarede ham: "Jeg ved ikke, hvad jeg skal tænke om dig".

Kapitel 12: Faretruende begivenheder

En dag sov jeg længe. Det gjorde jeg ofte, da jeg ikke brød mig om at være sammen med Mette og Carlo. Carlo kom ned i kælderen. Han smadrede en tom sodavandsflaske, jeg havde stående på gulvet. Den gik i tusinde stykker. Han hev mig ud af sengen og hen over alle glasskårene, så jeg fik hul på anklen. Jeg var på skadestue i Tretårnby. Carlo sagde truende, at jeg ikke måtte sige, hvordan det var sket. Mon ikke lægerne og sygeplejerskerne selv kunne regne det ud, når de så de blå mærker, der var på min krop. Jeg fik en lille papirsommerfugl på min ankel. Ellers var der ingen, der gjorde noget.

Hvorfor er der ingen, der reagerer på de mange blå mærker, der er på min krop?

Min mor havde en seddel, hvor hun havde skrevet hvert bogstav i alfabetisk orden. Min mor sagde, at jeg skulle skrive det samme bogstav ved siden af med min skrift. Min mor sagde, at jeg SKULLE gøre det. Hvad jeg ikke var klar over, var, at hun ville bruge det til dokumentfalsk. Falske breve.

Mor, hvorfor laver du dokumentfalsk med mine bogstaver?

Der boede en skuespiller på Vang. Han havde været i TV, og Carlo ville give ham en "gave". Min mor havde skrevet et brev. Hun sagde til mig, at det var meget vigtigt, og at jeg skulle aflevere det til skuespilleren. Jeg vidste ikke, hvad der stod i brevet, men kunne regne ud, at det var noget, min mor havde skrevet, altså dokumentfalsk, da det skulle se ud, som om det var noget, jeg selv havde skrevet, så de ikke ville blive straffet. Det var et tilbud om sex med mig. Skuespilleren blev rasende, smed mig ud, og politiet kom. Ingen gjorde noget.

Mor, hvorfor skriver du et brev til skuespilleren om, at han gerne må have sex med mig?

Carlo havde sagt til min mor, at hun SKULLE skrive det med ordene: "Du ved godt, hvad der sker, hvis du ikke gør det!!"

En dag var min mor gravid. Carlo sagde til hende, mens han slikkede sit gebis, at hun skulle fjerne det, for han ville ikke have flere børn med hende. Han sagde: "Du ved godt, hvad der sker, hvis du ikke gør det!" Min mor gik ud på badeværelset. Hun udførte en abort med en strikkepind. Bagefter gik hun ind i deres soveværelse. Carlo nød meget, at han havde total kontrol over hende. Han var en hustyran.

Mor, hvorfor følger du hans ordrer?

En dag kan jeg høre min mor "kvidre" muntert i stuen. Jeg er i køkkenet og kan se min mor gennem dørsprækken ind til stuen. Min mor sidder til højre for Carlo. Han drikker morgenkaffe. Min mor lægger hengivent sit hoved på hans højre skulder og siger: "Er det ikke godt, at jeg har fået nogle børn, du kan have sex med?" Carlo siger opstemt og blidt: "Der er ingen som dig, Mette". Da min mor opdager mig, skifter hun hurtigt ansigtsudtryk. Jeg var dybt rystet. Vores mor beskyttede os ikke imod ham. Hun var selv en del af det.

Mor, hvorfor beskytter du mig ikke mod din mand?

Kapitel 13: Erhvervspraktik

Jeg var i erhvervspraktik tre gange. Første gang må have været i 8. klasse. Jeg var i erhvervspraktik som klinikassistent hos nogle tandlæger i Tretårnby. Min mor havde sagt, at jeg skulle sætte mig i venteværelset. Der sad jeg i mange timer, måske flere dage. Jeg havde vist dem brevet fra Længe Skole om erhvervspraktik, men de unge kvinder forstod øjensynligt ikke, hvad det var. Endelig kom jeg ud i omklædningsrummet og skulle have en kittel på. Der var en kvinde med en stor barm. Jeg troede, at det var noget, hun havde sat fast på sine skuldre og spurgte hende, hvordan hun havde gjort det. Hun bad mig om at sutte på hendes brystvorte, døren gik op, og hun blev sagt op.

Jeg sad bag skranken og skrev på maskine. Andre gange var jeg med inde hos patienterne sammen med en klinikassistent.

Anden gang jeg var i erhvervspraktik, var i 9. klasse. Det var hos en tandtekniker. Jeg fik lavet et gipsaftryk af mine tænder. Jeg har det endnu. Jeg tog med bussen til Tvistbæk station og dernæst S-toget en station. Hjemme blev jeg slået. Carlo slog mig med knytnæver på mine bryster og på højre side af mit ansigt. Jeg hævede helt op og kunne ikke komme i min erhvervspraktik. Jeg havde meldt dem til Børneværnet via BRIS (Børns Rettigheder i Samfundet). Jeg mødtes med en journalist på en kro. Der spiste jeg en æggemad. Jeg viste journalisten, hvor jeg boede. Hun kørte mig hjem. Jeg skjulte mig i hendes bil, så jeg ikke kunne ses fra vinduet.

Mor, hvorfor søgte du ikke hjælp?

Tredje og sidste gang, jeg var i erhvervspraktik, var i en dyrepark. Jeg holdt meget af dyr og ville være veterinærsygeplejerske. Jeg kom derfor i praktik i en dyrepark. Det var mest som fodermester. Efter et par dage gav jeg besked til min klasselærer Fru "S", at jeg ikke brød mig om at være der. Hun sagde, at de ikke kunne nå at finde et nyt sted, og at jeg måtte holde ud. Erik, som skulle tage sig af mig, var ansat i dyreparken. Jeg tænker, at det må have været på særlige vilkår. Længe Skole havde givet mig penge til transporten, men Carlo sagde, at jeg skulle cykle. Han havde cyklet 16 km for at komme på arbejde, da han var i lære. Han forstod ikke, at det var en erhvervspraktik. Carlo var arbejder, ikke boglig. De få bøger, der havde været i vores hjem, havde han solgt på loppemarkeder. Formentlig for at få penge til alkohol. Han talte med Erik fra dyreparken og fik på en manipulerende måde sagt til ham, at hvis han kunne sørge for, at han fik de 250 kr. jeg skulle have til transporten, ville han have en ven for livet. Jeg tror, at Erik var udviklingshæmmet. Han besøgte Carlo et øde sted i Nordvest Sjælland. Han kørte dertil på sin knallert. Senere besøgte Erik Carlo på en lille sidevej i byen ved fjorden. Han blev helt sikkert udnyttet økonomisk. Carlo fik ham til at købe alkohol. I flere år drak de sammen. Carlo havde fået sig en ven for livet. Carlo havde ikke mange venner. Carlo var fjendtlig og aggressiv. Carlo døde ved en trafikulykke i 1995. Om Erik begik selvmord i den forbindelse, ved jeg ikke. Måske døde han af alderdom. Synd, at Erik blev udnyttet, fordi han var mindre begavet. Erik kunne godt lide at være dyrepasser i dyreparken. Jeg mødte ham en enkelt gang på den lille sidevej i byen ved fjorden. Jeg undrede mig over, at han brugte tid på Carlo. Carlo var løgnagtig og manipulerende. Farlig for ham, men det vidste han ikke. Erik gjorde ingen fortræd.

Kapitel 14: Keramikfabrikken

Jeg havde fået et arbejde på en keramikfabrik efter 9. klasse. Jeg skulle først arbejde med at fjerne blåt støv på juleplatterne. Det var jeg ikke så god til. Jeg blev i stedet sat til at bore huller i platterne, inden de blev brændt. Jeg sad ved en lille maskine i den store hal. En tyrker bad om mit telefonnummer. Jeg forstod ikke hvorfor, og gav ham det. En dag ringede han. Carlo tog telefonen. Han mødtes med ham og havde banket ham så meget, at han havde brækket en arm og fået slået nogle tænder ud. Han græd, da han så mig næste gang på fabrikken. En leder spurgte mig, hvad han havde gjort mig. Jeg svarede, at han ikke havde gjort mig noget.

Min mor spurgte mig en dag på en meget indsmigrende måde om dagen på keramikfabrikken. Jeg troede, at hun var interesseret. Hun var ikke interesseret på mine vegne. Næste dag havde hun taget min grønne Puch Maxi og var kørt til keramikfabrikken for at lave mit arbejde. Det var lønningsdag. Carlo og Mette stjal mine penge. Jeg blev mere og mere målløs. Jeg valgte at holde op der efter to måneder.

En dag sagde min mor til mig, at jeg kunne gemme mine penge i hendes pung, så skulle hun nok passe på dem. Jeg var på vagt, men hun sagde det med et smil. Jeg lagde mine penge i hendes pung. Jeg så dem aldrig igen. De blev brugt til mad, da Carlo havde drukket hele sin løn op.

Mor, hvorfor stjæler I mine penge?

På keramikfabrikken kunne man købe anden sortering. Carlo og Mette tog derud. Måske var Gussi også med, men jeg kunne ikke se dem. De var usynlige for mig. Der var en af de ansatte, der sagde til mig, at jeg skulle passe på, at jeg ikke gik ind i dem. Jeg kunne ikke se dem. De var usynlige.

I stuen sad min mor og Gussi. Min mor var meget betaget af Gussi. Min mor ignorerede mig altid. Jeg begyndte at pille alt mit hår af ved midterskilningen. Måske ville min mor sige til mig, at jeg skulle lade være. Min mor så ingenting, sagde ingenting. Hun ville ikke se. Min mor ønskede ikke, at jeg var til. Min mor ignorerede mig. Jeg gik til lægen og fortalte, at jeg havde mistet håret. Han forstod vist ikke rigtig noget.

Mor, hvorfor ser du mig ikke?

Nogle gange sagde min mor, at jeg ikke måtte være hjemme. Jeg vidste ikke hvorfor. Det viste sig senere, at der kom en dame fra Socialforvaltningen på et bestemt tidspunkt. Der måtte jeg ikke være hjemme. Min mor havde givet hende indtryk af, at jeg gik til håndbold. Det gjorde jeg ikke. Det gjorde Gussi. Det er mit indtryk, at min mor på den måde fik penge, som hun brugte på sig selv eller til mad. Der var ingen, der talte med mig. Jeg måtte ikke koste noget.

En dag, jeg var hjemme, hørte jeg stemmer fra stuen. Jeg fattede mistanke til det, der foregik, og gik ind i stuen. Der sad en mørkhåret, bredhoftet kvinde med permanent og en papirblok. Da hun så mig, sagde hun: "Er du ikke til håndbold". Jeg svarede, at jeg ikke gik til håndbold. Hun troede, at jeg løj. Det gjorde jeg ikke. Det gjorde min mor derimod. Min mor sad og lo. Så kom hun med et T-shirt, som hun sagde, at hun havde købt til mig. Jeg havde aldrig set den før. Det var også i en forkert størrelse. Jeg brød mig ikke om det. Det, jeg slet ikke brød mig om, var alle hendes løgne og manipulationer.

Mor, hvorfor lyver du?

Kapitel 15: Børneværnet

Jeg blev mishandlet og havde sendt et brev til BRIS. En journalist havde kontaktet Børneværnet i Tvistbæk Kommune. Jeg blev frivilligt anbragt udenfor hjemmet. Jeg kom på en efterskole, der lå midt på Sjælland, hvor jeg tog 10. klasse. Ingen talte med mig. Jeg var en del af børneværnet og fik 50 kr. om ugen i lommepenge.

Lærerne talte ikke til mig. Jeg fik ingen lektiehjælp. Jeg gik to trin ned i mine karakterer til min eksamen. Tvistbæk Kommune ville ikke anbefale den efterskole midt på Sjælland. I dag er den nedlagt. Jeg ville hurtigt væk hjemmefra, og de havde plads. Derfor blev det den.

En dag, jeg var på vej til efterskolen med toget, der kørte forbi min mormors baghave i Smagle, kunne jeg se min mormors græsplæne fra togvinduet. Hasse, min mormors søn, lå ovenpå hende i solskinnet. Gardinerne i vinduerne var rullet ned. De havde sex. Jeg så det. Toget kørte videre. Jeg sad på togsædet og undrede mig.

Børneværnet betalte efterskoleopholdet. De fulgte ikke op, og da jeg kom tilbage til dem, jeg havde anmeldt, undte de mig ikke en mundfuld af den mad, jeg spiste. Jeg ringede flere gange til Børneværnet og sagde, at jeg ikke kunne være hos Carlo og Mette. Min mor kom langsomt frem i køkkendøren og ind i stuen, hvor hun kunne høre, at jeg talte i telefon. Det var noget, de havde forbudt os at gøre. Jeg ringede til kommunen og fortalte, at jeg ikke fik mad, at der ikke var noget mad i køleskabet, og at min mor aldrig talte til mig. Kvinden, jeg talte med i kommunen, troede, at det var en vittighed. Det var det ikke. Min mor tog telefonen ud af hånden på mig uden at fortrække en mine. Hun ignorerede min eksistens og lagde røret på, hvorefter hun gik væk igen, som om intet var hændt. Hun var ligeglad. Kontrollen og magten var meget vigtig for hende samt det at holde facaden. Derfor fik jeg ingen hjælp.

Mor, hvorfor må jeg ikke ringe til kommunen og bede om hjælp?

Efter flere måneder kom jeg på højskole ved Elleborg. I dag er højskolen nedlagt. Jeg var på højskolen i 3 måneder. Da jeg kom tilbage til Vang 4, fordi min sag ikke var blevet fulgt op, kom Carlo ned i kælderen og smed mig ud. Jeg var lige fyldt 18 år. De fik ikke længere børnepenge for mig, som han kunne drikke op.

Der lød et kæmpe rabalder i køkkenet. Der blev smidt med potter og pander. Der blev råbt og skældt ud. Carlo råbte og smed med potter og pander, da jeg tog min grønne Puch Maxi og kørte til min mormor i Smagle. Jeg forbandt Smagle med min morfar og tryghed.

Min mormor var blevet en gammel dame. Jeg boede der nogle uger. En dag, da jeg kom ned fra loftet ad trappen, der knirkede, stod min mormor i en gennemsigtig natkjole. Det troede jeg, at det var, men hun var nøgen. Hun troede, at det var hendes søn Hasse, der kom ned fra sit gamle værelse på loftet og sagde: "Du kan bare komme an". Hun ville invitere ham til sex.

Kort efter fandt jeg et værelse i en anden by, hvor jeg kunne bo. Men jeg havde ikke ændret min folkeregisteradresse. Det vidste jeg ikke, at man skulle, eller hvordan man gjorde. Mette og Carlo havde fået kontakt til Børne- og familieafdelingen i Tvistbæk Kommune. De havde givet dem et tilbud om at hjælpe dem. Mette og Carlo forstod tydeligvis ikke, at det var dem, der var problemet. For dem var det mig. Jeg var syndebukken for alt det dysfunktionelle i familien.

Mor, hvorfor forstår I ikke, at al jeres ondskab skal stoppes?

Men jeg ved, at ondskaben ikke vil vinde i længden. Guds kærlighed vil vinde.

En dag, jeg besøgte min mormor, sagde hun, at jeg skulle sige: "Eva", når damerne kom til kortspil tirsdag aften. Jeg måtte ikke sige: " Mormor", når de var der. Det skulle jeg love. Det lovede jeg. Jeg holdt det også for det meste, men på et tidspunkt kommenterede jeg det kortspil, vi spillede. Vi spillede whist, og når vi var makkere, spillede hun, som om jeg ikke var til stede. Det gjorde mig vred, så jeg sagde: "Mormor", for det var hun. En af de yngre kvinder fra menighedsrådet opfangede det, og da jeg skulle på toilettet, gik hun med mig ud i entréen og spurgte mig, om jeg vidste mere om min mormor Eva. Hun spurgte mig bl.a. hvor min mor var. Jeg svarede, at hun var derhjemme. Vi gik ind til kortbordet. Den yngre kvinde var hemmelighedsfuldt overbevist om, at mormor havde løjet for dem alle, når hun havde sagt, at jeg var en pige, hun passede.

Mormor, hvorfor lyver du? Hvorfor må jeg ikke sige, at du er min mormor?

Senere fik jeg et job med at pakke frugt og grønt til supermarkederne. Jeg havde modtaget et brev fra Håndværkerskolen. Jeg var blevet optaget på EFG (Erhvervsfaglig grunduddannelse) inden for Servicefagene. Den gang ville jeg være tandtekniker. Håndværkerskolen er nu nedlagt.

En dag, da jeg boede på værelset i Lærkehusene, havde Gussi sendt mig et brev om, at der ville komme en dame og tale med mig. Jeg vidste ikke, hvem det var, eller hvorfor hun kom. Først mange år senere fandt jeg ud af, at Børneværnet havde bevilget mig en personlig rådgiver.

Kort efter flyttede jeg til Sønderjylland. Der kunne jeg bo, og der var basisløn. Jeg vidste ikke noget om, hvad en Personlig Rådgiver var. Jeg havde fortalt damen, der kom og besøgte mig, at jeg snart skulle starte på en uddannelse. Det virkede, som om hun troede, at det var noget, hun skulle sætte i værk. Det var det ikke. Det var noget jeg selv havde besluttet og sat i værk.
Tak til Gud, som gav mig håb og styrke til at komme videre i mit liv.

Tilbage til "Vejen mod nulpunktet"! Tilbage til Længe

Kapitel 16: Det mørke kælderrum i Længe

Tilbage til Længe, da jeg var 14-15 år. Da vi kom til Længe anden gang, var vi lige flyttet fra Rundhusene, der lå et øde sted 3 km uden for Bendtsted. I Længe boede vi i kælderen på Vang 4. Der var lavt til loftet. Vi, Gussi og jeg, sov i køjesenge i værelset til venstre for køkkenet. Der var komfur i midten under vinduet. Mette og Carlo havde værelset til højre for køkkenet. Hvor Palle sov, ved jeg ikke, men sikkert hos dem.

Jeg lå i den øverste køje. Det var ikke lyst. Det var sommer. Pludselig kunne jeg mærke Gussis fingre beføle mig i skridtet under mine trusser. Jeg blev forskrækket. Jeg var i chok. Jeg havde en indre gråd. Senere oppe i køkkenet fortalte jeg vores mor, hvad Gussi havde gjort mod mig. Min mor kiggede med henført lykkefølelse på Gussi over, at hun havde krænket mig seksuelt. Hun var altid meget lykkelig, når der skete mig noget ondt.

Mor, hvorfor er du ikke vred over, at Gussi krænker mig seksuelt?

Gussi havde fået at vide, at hvis hun gjorde det igen, ville hun ikke få lov til at gå til håndbold. Ingen talte med mig om det, der var sket.

Jeg tror, at den familie, der boede i stueetagen, hed Hansen. Jeg talte nogle gange med deres datter. Hun sagde, at det var dem, der ejede huset. Det var det ikke. De havde en lejekontrakt, men pludselig en dag smed Carlo dem ud. Der kom politi, og min mor smilede over, at der pludselig skete noget. Hun skulle skrive under på et stykke papir, som politiet havde med. Familien Hansen flyttede, uden at de havde modtaget et varsel. Vi flyttede op til stueetagen og havde også kælderen. Gussi, Palle og jeg havde nu værelset til højre for køkkenet i kælderen. Gussi sov til venstre i køjesengen tæt ved den venstre væg. Jeg sov i køjesengen ved det lille vindue op ad den højre væg. Palle sov i en seng for enden af værelset, tæt ved døren ud til køkkenet. Der var intet hyggeligt i værelset. Palle begyndte at ryge, da han var 11 år.

Når vi havde spist til aften kl. 18, gik jeg udenfor hen ad vejen og ned ad en lille sti, der førte ud til nogle marker. Til højre var en frugtplantage. Jeg nød de åbne vidder og at se solen gå ned. Det var min måde at være ét med naturen.

Jeg mærkede, at Gud talte til mig, når jeg så den smukke solnedgang og alle farverne, som skiftede imens.

Det gjorde jeg hver dag i flere dage. Pludselig en dag gik min mor efter mig. Hun ville se, om jeg mødtes med nogen. Det gjorde jeg ikke. Min mor kom op bag mig og sagde: "Det er dine marker". Jeg syntes, at det var en underlig bemærkning og svarede, at det var plantageejerens marker. Derefter forbød min mor mig at gå derhen og gjorde alt for at forhindre det. Min mor ønskede ikke, at jeg skulle se noget smukt eller have gode oplevelser.

Mor, hvorfor må jeg ikke se noget smukt eller have gode oplevelser? Men jeg ser stadig de smukke solnedgange for mit indre blik. Det er som et glimt af håb.

Kapitel 17: Blomstervandet

Min mor gik rundt i stuen. Hun sagde til mig, at det ikke gjorde noget, hvis jeg drak blomstervandet. Jeg tømte blomsterne for noget vand ved at hælde det ud i vasken. Jeg var omkring 14 år. Min mor ønskede, at jeg skulle dø ved at drikke giftigt blomstervand. Min mor troede, at jeg havde drukket det og mærkede mig på panden med en veltilfreds mine, der skiftede til bekymring. Min mor ringede til lægen. Lægen spurgte mig, hvad der var sket. Jeg fortalte ham, at min mor ønskede, at jeg var død. Det er ikke mit indtryk, at han tog det alvorligt.

Kapitel 18: Ud af kroppen

Stemningen var altid anspændt. Der sad en hustyran for bordenden med en slagterkniv. Han spiste med den og slikkede den med sin tunge tæt ved dens skarpe kant, mens han med bange øjne kiggede frygtsomt ud ad vinduerne. Vi havde hver vores plads ved spisebordet med den gule voksdug med de brune blomster. Vores mor sad til venstre for Carlo, Gussi til venstre for vores mor, Palle til højre for Carlo og jeg til højre for Palle. Maden, når der var noget, var rationeret. Mange kartofler og brun sovs. Ingen grøntsager og ét stykke kød eller én frikadelle til hver.

Pludselig kunne Carlo tage mig hårdt i min venstre arm, mens jeg sad ved spisebordet, slæbe mig hen over gulvbrædderne og ned ad trappen til kælderen. Der vendte han mig på hovedet og trykkede sine kønsorganer mod mine, mens han drejede rundt og rundt.

Hvis det havde været et mareridt, var det holdt op. Det gjorde det ikke. Det var virkelighed.

Undertiden gemte jeg mig i koksrummet i kælderen og låste døren indefra. Jeg satte mig stille på koksene og tog en sæk over hovedet og dækkede kroppen til med sækken så, når Carlo kiggede ind gennem sprækkerne i døren, ville han ikke kunne se mig. Jeg trak næsten ikke vejret, kun med det øverste af mine lunger. På den måde slap jeg væk.

Nogle gange kom han hjem fra sit arbejde midt på dagen. Pludselig kom han ned ad trappen fra køkkenet på stueetagen, greb fat i mig, vendte mig på hovedet og trykkede sine kønsorganer mod mine, mens han drejede rundt og rundt i en større og større fart. Mit lange lyse hår fejede hen over linoleumsgulvet med de sorte og hvide firkanter. Mit hoved var kun få centimeter fra at ramme et skarpt hjørne på et køkkenskab med håndvask, der var i kælderen. Jeg forsvandt ud af min krop, ventede på, at det var overstået. Der kunne gå flere minutter. Jeg husker ikke hvor længe. Når det holdt op, vendte jeg tilbage til min krop. Jeg var mellem 14 og 16 år. Bagefter var jeg fortumlet og forvirret. Jeg lagde mig på min seng. Det samme skete igen og igen. Det skete altid meget pludseligt.

Vores mor gjorde intet.

Mor, hvorfor gør du ikke noget for at stoppe det?

Når Carlo svingede mig rundt med hovedet nedad, så Gussi og Palle det. De gik forbi og ind på værelset. De gjorde intet for at hjælpe mig. Jeg tror, at de var skræmte. De var også bare børn. Det er det sidste, min lillebroder Palle husker, inden jeg flyttede hjemmefra som 16-årig. Palle er min halvbroder.

Kapitel 19: Konfirmandlejren

Vi var kommet tilbage til Længe på en noget mærkelig måde. Jeg var 14 år og var lige kommet til togstationen efter at have afsluttet konfirmandlejren på Djursland. Det var i en træhytte dybt inde i skoven højt oppe med en flot udsigt. Skovbunden var mørk og fugtig. Der duftede dejligt af skov. Det var dejligt at være i naturen. I lejren talte vi om Gud og Jesus, og det var som, om naturen istemmende en takkesang til Gud, som havde gjort den så smuk. Jeg følte, at Jesus talte til mig gennem naturen, Han gav mig håb ved at lade mig mærke skaberværkets storhed og skønhed.

Jeg ønskede at fortælle min mor om de mange gode oplevelser fra konfirmandlejren, da hun stod ved perronen under et lille gennemsigtigt halvtag ved stationen. Hun sagde, at jeg skulle stille mig under halvtaget.

Hun gik lidt væk. Efter et par minutter kom hun tilbage og stillede sig så langt væk fra mig som muligt. Jeg begyndte at fortælle livligt om mine mange positive oplevelser fra konfirmandlejren. Hun var tavs. Hun kiggede op og ned ad mig, som om jeg var en person, som hun ikke kendte. Jeg havde været væk i 7 dage. Min mor sagde ikke et ord. Pludselig siger hun, at jeg skal gå ind på stationen og købe en is og komme ud og give den til hende. Da jeg kommer med isen, siger hun, at jeg skal gå ind på stationen og stille mig, så jeg kan se uret derinde, men at jeg også skal kunne se hende, og at jeg skal blive derinde.

Mor, hvorfor skal jeg blive inde på stationen?

Min mor siger, at når jeg ser en mand med en hat på, skal jeg gå hen til ham og sige: "Damen derude vil gerne tale med Dem". Hun havde sagt, at jeg ikke måtte sige: "Mor", men "Damen".

Jeg venter på stationen. Jeg kan ikke forstå, hvorfor vi ikke går hjem til alle dyrene i Rundhusene. Det viser sig, at huset er blevet solgt, mens jeg har været væk, huset, dyrene, ja alt er væk. Jeg venter alene, sårbar og hjælpeløs på stationen uden at vide, hvad der skal ske. Efter en time kommer toget. Jeg havde forinden set min mor gå hen til billetlugen og give en besked. Det lyder i højtaleren, hvor jeg skal gå ind i toget, og hvilken vogn jeg skal gå frem til. Jeg husker ikke helt, om jeg gør det, eller om det er manden med hatten, der hjælper mig. Jeg finder frem til den plads, hvor min mor sidder. Hun kigger på mig med et blik af anspændthed og magt. Hun taler med manden, som om hun ikke kender mig. Hun kigger igen på mig, som om jeg er en fremmed, og siger så til herren med den lange bløde jakke og den runde bløde hat: "Det er meget elskværdigt af Dem". Hun gav indtryk af, at hun hjalp en forældreløs, der var blevet væk. Hun siger til herren: "Vi gør, hvad vi kan". Hun er tavs efter, at herren er steget af toget. Toget kører videre, og vi skal af ved en station ikke langt fra Vang. Hun sagde intet. Jeg var holdt op med at fortælle om alle de gode oplevelser, jeg havde haft. Hun havde opnået, hvad hun ville, kontrol og magt, at dræbe min glæde. Hun havde behov for at markere, at vi ikke tilhørte den samme sociale klasse. Derfor talte hun aldrig direkte til mig, men altid gennem en anden. Det til trods for at hun bar mig 9 måneder i sin mave og fødte mig i sit skød en kold vinter 14 år tidligere. Jeg var en del af hende. En del hun ikke brød sig om. Den del, hun hadede allermest.

Mor, hvorfor elsker du at ødelægge min glæde?
Men helt ødelægge den, kunne hun ikke. Jeg mærker stadig Guds kærlighed gennem naturens skønhed.
Kære Gud, tak for at Du talte til mig gennem dit skaberværk, gennem naturen. Du gav mig et håb, viste mig, at Du var der for mig. Jeg var ikke alene.

Rundhusene uden for Bendtsted

Kapitel 20: Konfirmation

Da vi boede i Rundhusene 3 km uden for Bendtsted, var jeg mellem 10 og 14 år. Da jeg var 14 år, gik jeg til præst i en særlig bygning, den lange lave bygning, ikke langt fra kirken. Flere skoler var samlet. Jeg sad på en af de bagerste rækker. Jeg lyttede opmærksomt, og da vi fik udleveret et nyt testamente, tog jeg et med hjem. Det måtte vi ikke, men det gjorde jeg. Jeg husker ikke, om vi fik gennemgået de 10 bud, og "Du må ikke stjæle", og om det var derfor, jeg gjorde det. Sådan lidt "Rasmus modsat". Måske? Jeg ville også have det, fordi jeg søgte trøst. Der var flere skoler samlet, og der var uro i klassen. Der var nogle drenge, der sad bagerst, som lavede ballade. Præsten sagde på et tidspunkt, at de, der sad nede bagved, ikke behøvede at komme mere. Jeg var stille, men sad nede bagved og troede derfor, at det betød, at jeg ikke skulle komme mere. Lærerne måtte have fået besked om, at jeg ikke kom til konfirmandundervisning. Jeg blev spurgt om grunden. Jeg svarede, at præsten havde sagt, at de, der sad nede bagved, ikke behøvede at komme mere. Jeg fik besked om - husker ikke helt hvordan - at jeg skulle komme igen. Da jeg kom, blev jeg placeret på en af de forreste rækker, vist tredje række. Jeg havde det godt igen og forstod ikke, hvorfor jeg var blevet "skældt ud". Når nogen blev skældt ud, opfattede jeg det altid, som om det var mig. Det var sådan, det var derhjemme med høje fnysende stemmer.

Jeg kunne godt lide at synge trosbekendelsen. Jeg syntes, at den havde en så smuk melodi. Især den lange trosbekendelse. Jeg fik det godt indeni, efter at vi havde sunget den. I Bendtsted skole blev vi spurgt om, hvem der ikke ville konfirmeres. Det var sikkert et dybsindigt teologisk spørgsmål, men jeg rakte hånden op og sagde, at det kunne jeg ikke, for jeg havde ikke nogen konfirmationskjole, og der, hvor jeg boede, havde de ikke råd til at give mig en. Præsten gjorde nogle notater.

Præsten begyndte at komme i Rundhusene, der lå langt ude på landet ved Bendtsted. Jeg gemte mig altid udenfor i haven bag buskene. Jeg skammede mig over mine "såkaldte" forældre, fattigdommen og alt det usle. Jeg ville ikke have, at han skulle se mig sammen med dem. Faktisk ville jeg helst have, at han troede, at jeg ikke boede hos dem. Derfor gemte jeg mig udenfor i mørket, når præsten kom. Præsten var der længe. Carlo syntes godt om præsten. Det var dog mest, fordi han gerne ville drikke to øl sammen med ham.

Mette og Carlo havde sagt til mig inden konfirmationen, at jeg måtte vælge mellem 3 ting. En rejse til Norge, en fest eller en hest. Jeg ønskede ikke at rejse sammen med dem. Min intuition sagde mig, at min mor ville skubbe mig ud over et fjeld og dræbe mig på den måde. Det ville jeg derfor ikke. En fest. Jeg kendte ikke mange mennesker. Hvem var der at invitere? Det ønskede jeg derfor heller ikke. En hest. De overholdt aldrig, hvad de sagde. Jeg sagde derfor, at jeg ønskede en hest. Jeg regnede ikke med at få nogen hest.

Jeg fik ingen konfirmationskjole. Min mor syede noget til mig af sin egen aflagte konfirmationskjole. Den var alt for stor og meget grim til mig. Jeg fik ingen hvide sko, men nogle, der lignede træsko med hvidt foroven. Jeg blev buhet ud, da jeg kom ind i kirken. Jeg var meget ulykkelig. Jeg tror, at præsten havde givet min mor penge til en konfirmationskjole til mig, men jeg fik ingen. Hun købte i stedet en til Gussi og lod som om, at det var hende, der skulle konfirmeres. Hun manipulerede og snød præsten. Præsten opdagede det for sent.

Mor, hvorfor manipulerer du med præsten?

Carlo, Mette og Gussi og jeg sad i et lille hjørne på en kro. Der var konfirmationsfester på kroen. Tjenerne havde derfor meget travlt, da de gik forbi os, der sad i en slags mellemgang på kroen. Jeg var blevet placeret inderst. Jeg havde mit andendagstøj på. En ternet skjorte med lyseblå og lyserøde tern, en blå vest og nogle mørkeblå bukser, jeg ikke selv havde valgt. Hvis det var dyrere end Gussis, måtte jeg kun få det, hvis det var grimt til mig. Tjenerne kom med et menukort. Min mor sagde, at jeg måtte vælge lige, hvad jeg ville have. Jeg blev glad og valgte and med appelsinsauce. Min mor sagde, at det måtte jeg ikke få, hvorefter de bestilte en leverpostejmad til mig. Der var lidt bacon og champignon på. De bad om et glas postevand til mig. Jeg måtte ikke koste noget.

Mor, hvorfor lyver du?

En dag skulle Carlo og jeg ud at køre. Jeg vidste ikke, hvor turen gik hen. Den gik til min gudmor, der var gift med en gårdejer. De havde heste. En stor pony blev købt til mig. De holdt, hvad de lovede. Om vinteren var hesten indenfor i et træudhus, om sommeren ude på græs. Jeg red kun få gange på den. Carlo var meget optaget af den. Han havde arbejdet meget med heste, da han var ung.

Kapitel 21: En lille dreng i den blå trøje

En dag sagde min mor til mig, at jeg skulle grave i den lille grusgrav, der lå ud mod vejen, og at der var en gave til mig. Jeg gravede og gravede. Der var ikke noget. Min mor sagde, at jeg skulle grave lidt længere til højre. Pludselig stødte min skovl på noget, der både var hårdt og blødt. Jeg undrede mig over, hvad det kunne være. Jeg gravede videre, og en barnehånd kom til syne. Jeg rørte den. Den var kold. Jeg gravede videre, og en mørkhåret dreng på omkring 6 år kom til syne. Han var død. Han havde en blå strikket trøje på, strikket i vrang. Han havde et lille stift smil på sine læber.

Mor, hvorfor siger du, at den døde dreng i gruset er en gave til mig?

Jeg gik ind til min mor og fortalte, at der lå en lille dreng i gruset og sov. Jeg var 14 år. Min mor løb hujende, grinende og grædende hen til naboen og sagde, at jeg havde slået en dreng ihjel, en jeg havde leget med. Det havde jeg ikke. Carlo havde taget min pony og var gået op til legepladsen i Bendtsted bymidte, hvor han havde lokket børn. En lille dreng med en lyseblå trøje fik en lang ridetur. Han vidste ikke, hvad der ventede ham. Han blev låst inde sammen med hesten, hvor Carlo forulempede ham seksuelt. Jeg så dem gennem nøglehullet. Drengen skreg og skreg og ville hjem til sin mor. Carlo slog ham ihjel og begravede ham i grusbunken. Jeg vidste ikke, at han lå der, men det vidste min mor. Hun dækkede over Carlo. Der kom nogle betjente og spurgte mig, hvad der var sket. Jeg fortalte

41

dem, at min mor havde sagt, at der lå noget til mig i grusbunken. På en eller anden måde fik min mor manipuleret betjentene til at gå væk. I mellemtiden lavede hun en bunke med kvas på grønjorden, hvor hun brændte den lille dreng, der kun blev 6 år gammel. Hun havde set mormor brænde børn i kvasbunker. Da betjentene kom tilbage, sagde min mor, at den lille dreng var gået hjem. Jeg husker, at politibetjentene blev vrede og meget frustrerede. De kunne ikke finde den lille dreng. Min mor prøvede at give mig skylden. Hun dækkede over sin mands pædofili og barnemord. Hvem var min mor udover at være en normløs kvinde? Jeg ved det ikke.

Mor, hvorfor lyver du overfor betjentene?

Kapitel 22: Skadestuen

En dag kommer jeg til skade på min cykel. Jeg styrter ud over mit styr og skraber mit ansigt på den ujævne og bulede vej. Det var dagen inden påskeferien. En mand på marken ser mig fra sin traktor. Han kører mig til skadestuen. Jeg får ar overalt i mit ansigt og skal have fjernet neglen på pegefingeren på min venstre hånd. Jeg havde fået en mindre hjernerystelse og skulle ligge i fuldkommen stilhed og ro nogle dage.

Min mor lo højlydt, da jeg kom tilbage. Hun satte hunden oven på mit hoved og spurgte højlydt, om jeg ikke skulle til fotografen og få taget et billede. De havde kort forinden nægtet mig at få et skolebillede. Deres begrundelse var, at det havde de ikke råd til, men Gussi fik. Jeg undrede mig og blev ked af det. Det gjorde min mor rigtig glad og meget opstemt, at der var sket mig en ulykke.

Mor, hvorfor er du glad hver gang, der sker mig en ulykke?

Trædesymaskinen med pedal stod i stuen ved vinduet. Den mindede mig om den, der stod hos min mormor. Min mor smiler glad og opstemt og siger, at jeg skal lægge min pegefinger på pladen under nålen. Symaskines trykfod er fjernet. Hun siger, at jeg skal lukke mine øjne og lægge min venstre pegefinger der. Jeg lukker øjnene tillidsfuldt, fordi hun smiler glad. Hun har sat en tyk nål i med en uldtråd. Pludselig tramper hun hårdt og vredt på pedalen. Nålen går i min pegefingernegl og har syet uldtråden ind i min negl. Hun tænder ild i uldtråden, der virker som en væge og brænder i kødet under min negl. Hun kigger på den med fryd og siger: "Den falder af". Jeg havde netop fået en ny negl efter mit styrt på cyklen.

Mor, hvorfor er du glad, hver gang du er ond mod mig?

Kapitel 23: Udflugten

Bilerne kørte hurtigt forbi. Carlo, min mor og jeg sidder ved et bord tæt ved nogle træer, tæt ved en motorvej. Vi sidder ved bordet og spiser madpakker. Bilerne kørte tæt og hurtigt. Jeg får affaldspapiret i hånden og får besked om, at jeg skal finde et sted langs træerne, hvor jeg kan smide det. Jeg skal smide det der, hvor andre har smidt affald. Jeg går langt, før jeg finder et sted, jeg kan smide det. Jeg går langsomt og undrende tilbage. Der er kun os. Jeg tænker over, hvorfor vi sidder ved motorvejen. Da jeg kommer tilbage, holder Carlo min mor op foran bilerne sådan, at han tager hende væk lige akkurat, inden de kører ind i hende. Det bliver han ved med. En bilist standser og spørger hende, om hun har brug for hjælp. Det har hun ret tydeligt, men hun svarer, at det bare er en leg, de leger. Det er det ikke. Han prøver at slå hende ihjel. Jeg nærmer mig og tænker: "Nej, hvor er du dum. Dér havde du mulighed for at få hjælp, og du tog ikke imod den". Bilerne bliver ved med at køre, nogle stopper. Det ender med, at vi tre kører hjem. De havde håbet, at jeg blev ramt af en bil, da jeg gik langs vejkanten. Det var tydeligt. Jeg var 14 år, og vi boede i Rundhusene.

Mor, hvorfor beder du ikke dem, der spørger, om hjælp?

Kapitel 24: Bendtsted skole

Bagved skolens bygninger - dvs. lærernes huse - er der en idrætsbane. Fru Henriksen underviste os i gymnastik, dansk og sang. Vi skulle stille op til 60 meters løb. Af en eller anden grund er Gussi der også. Jeg løber 60 meter på kort tid og vinder. Gussi reagerer voldsomt over, at jeg vinder, og siger noget med, at jeg har snydt. Det har jeg ikke. Der bliver stillet op til løb igen, og hun prøver at spænde ben. Hun bliver irettesat af Fru Henriksen, men forstår ikke, at hun har gjort noget forkert. Vores mor havde lært hende, at det at være ond mod mig var at gøre noget godt.

Jeg var altid beskidt, snavset. Mit tøj var gammelt og beskidt. Tøjet kom i en pose. En stor sort plastikpose blev lagt på spisebordet. Sådan fik vi nyt tøj. Der blev ikke talt til os.

Fru Henriksen læste op af Anna Franks dagbog i 7. klasse. Bogen var spændende og berørte mig dybt. Jeg græd ofte, når den blev læst op. Jeg indlevede mig så meget i Anna Franks liv. Det endte med, at min mor havde kontakt til Fru Henriksen og sørgede for, at jeg ikke måtte høre Anna Franks dagbog. Hver gang vi skulle have bogen læst, og jeg glædede mig i spændt forventning, blev jeg af Fru Henriksen bedt om at gå uden for døren. Da jeg spurgte hvorfor, blev jeg mødt med tavshed.

Hr. Henriksen underviste i engelsk og fysik. Han sagde, at han havde fået en eftersidning som ung, og det skulle vi bare prøve. Jeg havde ikke fået nogen eftersidning, men ville gerne prøve det. I frikvarteret satte jeg mig på trappen til Hr. og Fru Henriksens hus. Jeg ventede 1 time, lidt glad for at have prøvet det. Der skete ikke noget, ikke andet end jeg blev kold i numsen.

I skolegården legede vi "Ståtrold". Nogle gange var der en lille ung dreng, der stillede sig op ad væggen i skolegården og holdt lange politiske taler. Hans far var politiker. Han havde en pæn stor tilhørerskare. Gussi gik i klasse med ham. Hun var ret fascineret af ham.

På bondegården i Rundhusene boede Alice. Som barn havde jeg

været med til at så og høste på gården. Jeg havde svømmet i korn i laden. Det var sjovt.
Jeg talte ikke med andre end Alice i skolen. Vi gik i samme klasse. Jeg sad ved siden af hende i klassen, sad ved siden af hende i frikvartererne. Hun havde 4 halve med. To med leverpostej med asier og to med spegepølse. Alting var altid det samme. Jeg kan ikke huske, hvad jeg havde med.
Men en ting, er sikkert, hun var en trofast veninde, jeg følte en tryghed og en ro i sindet, når hun var der som en Guds gave. Hun viste mig, hvor stor en betydning trofasthed og venlighed har.

Alice døde i 1978 i forbindelse med en trafikulykke. Hun døde i ambulancen. Jeg fik det at vide af hendes forældre i et brev. Det var et svar på et brev, jeg havde sendt til Alice.
Det gjorde mig bedrøvet, men jeg tænkte, at nu var hun hos Gud.

Jeg blev mobbet af Anne og Marie. De øvede sig i at bruge fremmedord mod mig. Når jeg ikke forstod dem eller spurgte dem, hvad det betød, frydede de sig. Især Anne. Marie var alene med sin mor. Hun hjalp sin mor med at bone gulve i deres hus.

Kapitel 25: Schæferhunden Bjørn

Schæferhunden Bjørn var i hundegården, et stålbur, hvor den blev fodret. Den gøede meget, kom aldrig udenfor buret. Den var derude på alle tidspunkter af året, havde vist kun et lille læskur. Den gøede og gøede, når den så os. Jeg tror, at den råbte om hjælp. En dag var den ikke mere i stålburet. Den var, uden vi vidste noget, blevet lukket inde i en staldbygning. Da jeg fandt ud af, hvor den var, havde jeg flere gange fodret den gennem det lille hul, der var i staldvinduet. Den havde tillid til mig og slikkede min hånd. Jeg forsøgte at lukke den ud, men fandt ud af, at døren var boltet fast med forskelligt slags jern.
Den blev mishandlet, sultet og seksuelt forulempet af Carlo. En dag sagde Carlo til mig, at der var noget, han ville vise mig. Han bar hunden. Jeg blev glad, fordi han bar hunden ud til hundegården. Jeg tænkte, at nu kunne den løbe omkring igen. Han bar hunden ud til

det tomme ståltrådsbur. Han lagde den ned. Den var blevet skåret op i siden på maven, hele vejen over brystpartiet. Knoglerne kunne ikke bære den. De var blevet knust. Den forsøgte at rejse sig, men kunne ikke. Jeg kunne se hundens ben. Der lå et stort ben foran den. Carlo havde lagt det der. Der var meget brusk på toppen. Det lignede noget fra et menneske, men jeg tror, at det var hundens eget ben, han havde brækket af og pelset det. Det lå foran hunden. Bjørn snusede til det, slikkede det en enkelt gang, lukkede øjnene og døde. Den sagde farvel.

Carlo ville fryde sig over min sorg og over, at jeg blev ked af, at hunden døde. Han ville vise sin magt og kontrol over hunden. Begge dele tilfredsstillede ham seksuelt, ikke mindst at ødelægge mig følelsesmæssigt.

Kapitel 26: Frederik

Frederik står ved den store vej, hvor bus "Store Larsen" sætter os af. Han er høj, slank, bærer sorte briller med helt runde glas. Han har ikke så meget hår på hovedet. Han støder hele tiden sin mave ind i en lyshåret kvinde, der står overfor ham. Igen og igen støder han sin mave ind i kvinden. Hun ser ud, som om hun græder. Jeg kan se det fra bus "Store Larsen" fra Bendtsted skole, når vi nærmer os stedet, hvor bus "Lille Larsen" holder. Derfra er der 3 km til Rundhusene. I flere dage har Frederik stået på hjørnet og stødt sin mave ind i hende. Jeg kan ikke forstå, hvorfor hun bliver ved med at komme, når han gør det imod hende. En dag fortæller jeg om det derhjemme. Carlo beder mig om at vise, hvor det er. Vi sidder sammen i bilen, indtil Frederik og pigen kommer frem på hjørnet. Det sker igen. Frederik støder ind i hende med sin mave og skubber hende med maven. Det er det, jeg ser. Det er sådan, jeg forstår det.

Jeg har aldrig set voksne give hinanden en omfavnelse eller udtrykke deres kærlighed til hinanden. Derimod har jeg set og oplevet meget vold.

Carlo går ud af bilen og hen imod dem. Carlo stiller sig op med knytnæver, som om han vil slås med Frederik. Det vil Frederik ikke. Frederik vender sig mod mig, der sidder inde i bilen og vinker. Han tager den lyshårede pige om livet, og sammen går de hen ad vejen.

Kapitel 27: Hændelser i Bendtsted

Da vi boede i Rundhusene, blev jeg ofte sendt af sted over pløjemarkerne til Brugsen, der lå i en landsby på den anden side af markerne. Forinden blev jeg drejet rundt og rundt på marken udenfor, så jeg mistede retningssansen. Jeg blev ofte sendt af sted med for få penge. De gjorde det for at blive fri for mig. Det ville tage lang tid for mig at gå den tur og endnu længere, hvis jeg for vild. Jeg orienterede mig via elmasterne på markerne.

Min mor hadede mig. Det var meget tydeligt at se i hendes ansigt. Til Gussi talte hun med en lys stemme. Nogle gange med varme i stemmen. Mig så hun ikke. Hun slukkede for fjernsynet, som om jeg ikke sad i stuen og så det sammen med hende. Katten er på hendes skød. Jeg tager den ned fra hendes skød, bare for at se hendes reaktion. Der var ingen. Katten vender tilbage til hendes skød. Den er hvid med sorte pletter i ansigtet og på poterne. Hun aer den mekanisk. Hendes ansigt er udtryksløst.

Mor, hvorfor ser du mig ikke?

I huset bliver en zinkbalje sat frem i stuen, der er delt i to. Der er ingen væg, kun en halvvæg. En kedel bliver sat over på kakkelovnen, der står op mod en væg, der går ud til køkkenet og spisekammeret. I spisekammeret står en Rådvad brødmaskine. Hvis den kunne tale, ville den have mange historier at fortælle. Jeg har den endnu. Jeg arvede den.

Det er mørkt og koldt i stuen. Det varmer lidt fra kakkelovnen. Der er ikke andre end mig i stuen. Det er mørkt udenfor. Det er vinter. Der er isblomster indvendigt på vinduerne, når jeg vågner. Der er mus i væggene. Jeg har ikke noget værelse, hvor jeg kan lukke døren og have noget for mig selv. Jeg bor i et pulterkammer. Jeg har en sort kat. Den har lært at åbne døren indefra ved at hoppe op på en kommode, kaste sig og hænge fast i håndtaget, hvorved døren går op. Klog og dygtig kat.

Der er ingen i stuen. En vandpumpe står ude i gården. Den fryser senere til is. Det betød, at der blev sat en gasvandvarmer op i køkkenet, og der kommer varmt vand fra hanen. Jeg er tidligt oppe. Der er midt om natten, nærmest kl. 04.00. Jeg tror, at vores mor havde lavet havregrød. Vi fik levertran, inden vi cyklede de 7 km til Bendtsted skole, der lå på den anden side af Bendtsted. Der var kun fra 3. -7. klasse. Skolen er nedlagt. Den er lavet om til lejligheder.

Blid var vinden, der rørte mit hår. Mit hjerte græd, da min mor sagde, at jeg skulle drukne de små killinger i den gulvspand, hun havde stillet i den lille gang. Jeg holdt meget af dyr. Dyrene var mine venner. Min mor sagde, at jeg fik lov til at beholde én killing, hvis jeg gjorde, som hun sagde. Jeg skulle drukne de andre. Jeg lagde dem på rad og række. Min mor havde ladet døren stå på klem og kiggede med euforisk fryd på, at jeg druknede de små killinger. Jeg græd i mit hjerte. Jeg holdt en lille afskedstale for hver enkelt af dem, inden jeg druknede dem. Jeg tog dem op og lagde dem på venstre side af gulvspanden. Da der kun var én killing tilbage, tog min mor den og druknede den. Hun slog også den store kat ihjel, så jeg slet ikke havde nogen katte. Hun holdt ikke, hvad hun lovede. Jeg blev bange og ulykkelig.

Mor, hvorfor lyver du?

Kapitel 28: "Brølet"

Carlo stod ved et hegn, han var ved at lave af træ og tagplader. Han sagde, at jeg skulle holde søm og skruer på højde med hans penis. Jeg gjorde det, fordi han sagde det. Pludselig sagde han, at jeg skulle tage hammeren. Den lå foran ham. Det sagde jeg til ham. Han sagde, at jeg skulle tage om skaftet, der lå i hans venstre bukselomme. Jeg stak hånden i hans venstre bukselomme og kunne mærke noget hårdt. Jeg greb om det hårde. Det blev mere hårdt. Pludselig gik Carlo hen til syrenbuskene og stod med ryggen til mig. Carlo onanerede. Der lød et ordentlig brøl. Jeg blev forskrækket. Det brøl lød også, da jeg var 4-5 år gammel. Jeg gik væk.

Kapitel 29: Sømmet inde

Under taget var jeg blevet låst inde i et lille rum med indvendig isolering. Jeg var ca. 13 år. Min mormor havde mindet Carlo om, at han ikke var far til mig. Det var min mors fætter. Carlo havde vidst det længe og ønsket mig død. Han låste mig inde i det lille loftsrum, han havde lavet, hvor der kun knebent var plads til mig. Carlo sømmede til, og tanken var, at jeg skulle dø af iltmangel og sult. Jeg hørte Gussi gå rundt nedenfor, jeg bankede hårdt med fødderne på brædderne og sagde, at hun skulle hente et brækjern og åbne, så jeg kunne komme ud.

Hendes kommentar, da jeg var kommet ud, var: "Hvorfor er du gået derind?" Hun kunne ikke regne ud, at jeg ikke selv havde sømmet brædderne til. Jeg skyndte mig udenfor, hvor jeg gemte mig. Det blev mørkt. Gussi kom ud til mig og sagde, at jeg godt kunne komme ind nu. Gussi og vores mor havde sørget for, at han ikke kunne slå mig ihjel. Jeg gik ind på værelset, der mest fungerede som pulterkammer. Jeg lagde mig i den nederste køjeseng. Den øverste køje var altid fyldt med tøj, rent vasketøj. Jeg trak uroligt dynen op over mig. Næste dag var der stille.

Kapitel 30: Bag frakkerne i garderoben

Som barn var jeg grøn spejder i Bendtsted. Vi var tre, der cyklede hjem i mørket kun med månen og stjernerne som lygte. Træerne knagede i vinden med grenene som lange arme, der strakte sig mod himlen. Det var vores baggrund, da vi cyklede op ad den lange bakke langs åen.
Tiden hos spejderne viste mig, at livet kunne være anderledes. Vores spejderleder betragtede os alle som ligeværdige. Gussi mente ganske vist, at hun skulle have de bedste betingelser, men det gjaldt ikke her. Spejderlederen behandlede alle ens og lige hensynsfuldt. Det føltes fantastisk at blive værdsat på lige fod med alle andre. Som spejder lærte vi at være hjælpsomme overfor dem, der havde behov for hjælp. Jeg føler en stor taknemmelighed overfor spejderlederen. Det tændte endnu et håb i mit sind.
Kære Gud, tak fordi Du sendte hende på min vej.

Fra den lange bakke langs åen kunne jeg se bygningerne, der var skole for de små klasser. Jeg skulle i 4. klasse. Min mor havde meldt mig ind i 3. klasse, så jeg gik sammen med min lillesøster Gussi. Hun havde sagt, at Gussi hed Gussi og så mit navn. Jeg ville ikke gå der eller lege der. Jeg satte mig på en bænk udenfor, var stille og ville ikke lege med nogen. Det blev ved. Til sidst gemte jeg mig bag nogle frakker i garderoben og var stiv af chokket. Jeg ville i en rigtig skole. Pædagogerne havde fået fat i min mor, der i en periode arbejdede på en møbelfabrik. Først kunne jeg ikke kende hende. Da hun tog tørklædet på og så sur ud, kunne jeg genkende hende. Hun så altid sur ud, når hun så på mig. Pædagogerne forklarede hende, at jeg ikke havde det godt. De hjalp min mor med at melde mig ind i Bendtsted skole. Hun lod, som om hun var interesseret, og tog min hånd. Så snart vi var udenfor pædagogernes synsfelt, slap hun min hånd, gik med faste hurtige skridt til Rundhusene i et tempo, hvor det var meningen, at jeg ikke skulle kunne følge med. Hun var nået til Rundhusene, hvor hun havde hentet sin cykel. Hun kom kørende med stor fart lige mod mig ned ad bakken med et udtryk af had og vrede. Jeg gik ned i grøften for ikke at blive ramt.

Mor, hvorfor slipper du min hånd?

Jeg kom i Bendtsted skole. En rigtig skole. Jeg fulgtes med Kim. Han måtte ikke gå længere væk end, at han hele tiden kunne se det hus, hvor han boede. Han kunne derfor ikke gå med mig hele vejen til Rundhusene. Han gik over åen, lavede engletegn til mig i det høje græs. Han bevægede sine arme op og ned og benene til begge sider. På den måde blev der en figur af en engel i det høje græs. Han vinkede og gik op ad den høje bakke og hjem. Jeg så ham aldrig mere. Han skiftede skole. Vist til en katolsk skole. Han havde i skolen fortalt om, hvordan djævlen var blevet smidt ud af himlen og om Kyndelmisse. Da jeg kom hjem, fandt jeg stearinlys. Jeg satte dem i vinduet. Jeg ville også have lys midt i mørket.

Så tænkte jeg på morfars bønner til Gud. Det var som, om han var der usynligt, og jeg foldede mine hænder og bad til Gud og takkede Ham for lyset i den mørke nat, så følte jeg, at jeg ikke var alene. Jeg takkede også for Kim, som havde fortalt om lysets tjeneste og vist mig englefiguren.

Græmme

Kapitel 31: Min 10-års fødselsdag

Fra jeg var 8 til 10 år, boede vi i Græmme lidt uden for Tretårnby. Huset lå i et landsbymiljø. Købmanden lå lige overfor. Fra jeg var 9 til 10 år boede vi i en lille lejlighed på 1. sal i huset. Der var 2 værelser, et lille køkken og nogle pulterkamre. Gussi, Palle og jeg sov sammen på et værelse. Mette og Carlo sov på en udslået seng inde i stuen, det største af de to værelser. Der var en meget stejl trappe ned til udgangen.

Jeg har fødselsdag i februar. Det blev aldrig fejret. Jeg fyldte 10 år. Min første runde fødselsdag. Min mor havde inviteret mine klassekammerater til min fødselsdag. De kom, og min mor lukkede dem inde i udhuset til højre ude i haven. Det var forår. Min mor havde sendt Gussi derind sammen med mine klassekammerater, som om det var hendes fødselsdag. Det var det ikke. Vores mor havde sat en hængelås for døren, så jeg ikke kunne komme ind. Jeg gik op til hende og fortalte, at jeg ikke kunne komme ind. Senere gik jeg op til hende igen sammen med Lillys lillesøster og fortalte hende, at jeg ikke kunne komme ind i udhuset. Min mor virkede meget velfornøjet over dette. Jeg spurgte efter havregryns karameller, som jeg vidste, hun havde lavet. Der var ikke flere tilbage. Vores mor havde givet dem til Gussi.

Mor, hvorfor nyder du at gøre mig ulykkelig?

Jeg kunne ikke komme ind, hvor mine klassekammerater var. Jeg havde ikke set dem. I stedet gik jeg tur sammen med Lillys lillesøster. Vi gik en tur op ad stien mellem markerne og senere nede ved gadekæret i landsbyen. På et tidspunkt, hvor alle mine klassekammerater var gået, uden at jeg havde set dem, havde min mor sagt til dem, at de skulle tage deres gaver til mig med hjem igen. Hun havde sagt, at når jeg var så uartig, at jeg ikke ville lege med mine gæster, skulle jeg ikke have nogen gaver. Da jeg kom i skole næste dag, spurgte de mig, hvorfor jeg ikke ville have gaverne. Jeg blev ked af det. Frustreret.
Mor, hvorfor lyver du for mine klassekammerater?

Kapitel 32: Plastikfabrikken

Min mor var nogle gange hjemme, andre gange arbejdede hun på en plastikfabrik. Den lå 500 meter fra det sted, hvor vi boede. Fabrikken lavede medicinudstyr.
Der var et arrangement på plastikfabrikken, hvor min mor arbejdede, så vi kunne få mad. Der var fastelavnsfest for alle børnene i landsbyen. Vi slog katten af tønden. Jeg vandt. Min mor havde skrevet et brev til dem, hvor der stod, at Gussi skulle have min præmie, hvis jeg vandt. Det fik hun og sad og solede sig. Jeg blev og var meget ked af det. Jeg oplevede uretfærdighed. Det gjorde mig forvirret.

Mor, hvorfor skriver du et brev om, at jeg ikke må få en præmie?

Jeg legede også med børnene bag Teglværket. De boede i et træhus. Deres far gik på jagt. De havde en korthåret hønsehund i en indhegning. Vi legede "far, mor og børn". Vi legede også en leg, hvor vi undersøgte os selv med et spejl. En pige og jeg kiggede på vores numsehul i spejlet. Hendes var rundt. Det var mit ikke. Det var mere som en lang streg. Jeg fortalte det til min mor. Hun virkede tavs og hemmelighedsfuld.

Kapitel 33: Skolen ved landsbyen

Fru Mikkelsen fra skolen havde klaver. Vi var alle samlet i hendes stue i det røde hus, ikke langt fra skolen. Selvfølgelig var det langt for de små ben, men vi nåede frem. Jeg lagde mærke til de mange møbler i lyst lakeret træ og de hvide puder med gyldne broderier. En pige fra klassen spillede klaver. Jeg tror, at det var: "Prinsesse to ben". Det lød flot og nemt. Fru Mikkelsen spurgte, om der var andre, der ville spille. Jeg rakte hånden op, for det ville jeg gerne. Mest fordi de lige havde klappet ad hende, der spillede. Jeg ville også gerne have, at der var nogen, der klappede ad mig. Jeg satte mig ved klaveret. Alle kiggede forventningsfuldt på mig. Jeg rørte tangenterne, men jeg kunne ikke spille. Selvom jeg prøvede at lave en melodi, var det kun støj. Jeg ville så gerne spille og græd, da de tog mig væk. Jeg sagde, at jeg også gerne ville kunne spille som hende, vi lige havde hørt, for det var så flot. Det ville jeg også kunne.

En dag var Carlo hjemme, da jeg kom fra skole. Jeg var lige begyndt at lære at skrive i skolen. Carlo spurgte mig, om jeg ville skrive noget for ham. Jeg kan ikke huske, om jeg blev glad eller irriteret. Jeg tænkte, at han selv kunne skrive. Han lagde et stykke papir foran mig. Papiret var ternet. Det var revet over fra en side. Han sad til venstre for mig. Han havde blåt arbejdstøj på. Han sagde en masse ord, jeg skulle skrive. Det kunne jeg ikke skrive, men hvis jeg fik et bogstav fortalt, kunne jeg skrive det. Han fik mig til at skrive bogstav for bogstav, at han godt måtte se min numse, og at jeg skulle hjælpe ham. Han stavede godt med å. Det vidste jeg var forkert og grinede. Han kløede sig i skridtet, da han sad ved siden af mig. Jeg skrev sedlen efter hans diktat, men forstod ikke, hvad jeg havde skrevet. Jeg forstod ikke, hvad der stod.

Jeg husker, at min mor sagde noget til mig, jeg skulle skrive. Det kunne jeg ikke. Jeg sagde, at Carlo havde sagt hvert bogstav, jeg skulle skrive. Jeg husker, at min mor konfronterede Carlo med det, som jeg havde skrevet bogstav for bogstav. Hvad det var, vidste jeg ikke dengang. Hun sagde vist nok, at det kunne jeg ikke selv have skrevet. Carlo grinede smørret og beklemt.

Mor, hvorfor forstår du ikke, at jeg bliver udnyttet?

Kapitel 34: "Tudemarie"

Gussi sagde, at jeg skulle komme ind i stuen, og at det var vigtigt. Hun var selv helt rødmosset over hele kroppen. Jeg gik derind, undrende og nysgerrig efter, hvad det var, der var så vigtigt? Min mor sagde, at jeg skulle sidde på sengen og tage min undertrøje af. Derefter gav hun mig et glas vand. Jeg sagde, at jeg ikke var tørstig. Hun sagde, at jeg SKULLE drikke det. Det smagte bittert. Der var sovemiddel i eller noget andet. Jeg blev lagt på spisebordet med vold og ophidselse. Mine arme blev bundet ved håndleddet og bundet til spisebordet. Jeg var nøgen, græd, var ulykkelig, forvirret og uforstående overfor det, der foregik og overgik mig. Min mor sad midt på deres seng, holdt sig for ørerne og var passiv. Hvad der foregik i hendes hoved, ved jeg ikke. Hun svigtede mig. Jeg var helt forladt, overladt til mig selv. Jeg kunne intet gøre.

Jeg blev tit kaldt ind i stuen og SKULLE drikke et glas vand, der smagte bittert. Derefter vidste jeg, at der ventede mig ubehag, men også at jeg ikke kunne gøre noget. Jeg græd altid. De andre børn i landsbyen kaldte mig "Tudemarie", men jeg kan ikke huske det.

Jeg blev ofte kaldt ind i stuen, kort efter vi var lagt i seng. Det næste, jeg husker, er, at jeg lå nøgen på spisebordet, bundet fast med læderremme. Carlo kørte sin tissemand ud og ind mellem mine inderlår bagfra tæt ved skridtet. Jeg skreg, hvinede og var lamslået overfor, hvad der foregik. Min mor sad i stuen, hvor det foregik og holdt sig for ørerne!!!!! Jeg kan ikke huske det helt, men jeg tror nok, at min mor en gang gav mig en nål eller en saks, så jeg kunne stikke Carlo i tissemanden. Jeg så hende selv gøre det. Det var en del af deres seksuelle leg. Pædofile leg. Det var deres pædofile sadomasochistiske leg. Jeg var deres bedøvede offer. Deres redskab.

Mor, hvorfor er du med til at misbruge mig seksuelt?

Jeg blev slået på kroppen med en læderlivrem. Jeg blev slået hårdt på mine ben, så de til sidst var følelsesløse. Bagefter blev jeg lagt i seng. Måske var jeg bevidstløs.
Jeg husker, at min mor en gang havde en tynd gennemsigtig hvid natkjole på. Hun blev slået med et spanskrør inde i stuen. Hun lagde sig hen over min dyne og græd. Jeg tænkte, hvad græder hun for. Jeg kunne ikke mærke mine ben. Jeg løftede dynen for at se, om de var der. Senere kunne jeg ikke bevæge dem for smerte. Jeg var omkring 9 år gammel.

Mor, hvorfor tillader du, at jeg bliver udsat for vold?

En morgen kom min mor og sagde, at jeg skulle op. Mine ben bukkede sammen under mig. De kunne ikke bære mig. Min mor sagde, at jeg havde været en meget STOR pige, fordi jeg havde hjulpet Carlo. Jeg sagde, at jeg ikke havde hjulpet ham med noget. Jeg sagde, at han havde slået mig, og at jeg ikke havde gjort ham noget. Jeg sagde, at jeg havde ondt i mine ben, og at der løb noget hvidt ud af mit numsehul. Min mor kiggede på mig med et hårdt ansigt, snøftede og gik. Jeg husker ikke mere.

Mor, hvorfor tror du, at det at blive misbrugt seksuelt er en hjælp?

Jeg husker, at Frk. Svendsen en dag stod for enden af min seng. Min mor sagde til hende, at jeg godt kunne lide at blive slået, hvilket var løgn. Frk. Svendsen slog mig svagt på benene med en klud. Jeg kunne ikke mærke noget. Frk. Svendsen bad til Gud for mig. Jeg husker svagt, at min mor brød hulkende sammen i favnen på Frk. Svendsen. Om det var, fordi Carlo havde udsigt til at komme i fængsel, eller om det var, fordi de gjorde andre ting mod mig, der ville blive afsløret, ved jeg ikke.

Mor, hvorfor fortæller du ikke til Frk. Svendsen, hvad der foregår?
Men Frk. Svendsen havde selv mærket, at der var noget galt. Det
var årsagen til, at hun var kommet, og til at hun bad til Gud for mig.
Hun var som et lille lysglimt midt i alt det grusomme, der skete. Hun
har også prøvet at hjælpe, men havde måske ikke de store
muligheder. Men hendes bøn til Gud fik mig til at tænke på min
morfar og hans bønner. På en eller anden måde var de med til at
bære mig gennem trængslerne.

En gang blev jeg lagt nøgen på spisebordet og bundet fast til
spisebordet i begge ender. Bundet med læderbælter. Min mor var
med. Hun deltog aktivt. (Gussi så det gennem dørsprækken). Min
mor skreg op, da Carlo ville save mine ben af, så de passede med
bordlængden. Jeg var vokset. Jeg var 9 år gammel. Hendes skrig
gjorde, at jeg vågnede op af bedøvelsen. Jeg vågnede op ved, at
Mette, min mor, skreg meget højlydt, at så ville han komme i
fængsel. Jeg beholdt mine fødder og forblødte ikke til døde.

Carlo blev seksuelt ophidset af at slå. Han var sadist. Mine ben var
lammet. Jeg lå i sengen. Jeg kunne ikke mærke mine ben. Jeg var
blevet slået så voldsomt med læderremmen, at jeg ikke kunne
mærke mine ben. Jeg kunne ikke gå og havde derfor ikke været i
skole i et stykke tid.

En dag spørger min mor mig begejstret, ja nærmest lykkelig om,
hvor far måtte være sammen med mig? I numsen eller mellem
benene? Jeg svarede: "Ingen af stederne." Jeg var meget fortørnet
over spørgsmålet. Min mor sagde, at jeg skulle vælge et af stederne:
"For så bliver far så glad." Jeg er vokset op med Carlo som min far.
Pater est reglen.

Mor, hvorfor spørger du mig om, hvor Carlo må misbruge mig
seksuelt?

Jeg har aldrig haft kontakt til min biologiske far, min mors fætter. Jeg
har set ham én gang til en fætter-kusine fest hos min morbroder
Hasse i 1984. Det var først der, at han fandt ud af, at han havde en
datter med Mette. Han var gift og havde familie. Hans kone Sara
måtte ikke vide noget, sagde han til Hasse ude i gangen ved festen.

Hans søster sagde til ham: "Det kan du ikke løbe fra". Han vedgik sig ikke mig. Det har han aldrig gjort. Han var den far, jeg aldrig havde eller har haft. Endnu et svigt. Psykiateren, der lavede udredning i mit liv i 1998, sagde, at min far kunne være farlig for mig. Der er en overordnet mening med, at jeg ikke har kontakt med ham.

En dag fik Carlo mig til at skrive en invitation, for at mange børn kunne komme, som om det var min fødselsdag. Pludselig en eftermiddag kom der mange børn. De blev gennet ind i et nyt udhus, hvor jeg spillede bold med dem. Det var en kildeleg. En ret uskyldig leg mellem børn. Carlo var der. Han begyndte at begramse børnene. Vi var låst inde i udhuset. Jeg så aldrig børnene igen.

En dag hørte jeg svirp fra stuen på 1. sal. Jeg lå i min seng ved siden af stuen. Min mor blev pisket med et spanskrør. Hun havde en tynd, hvid natkjole på og løb rundt og skreg. Carlo blev mere og mere seksuelt ophidset og slog mere og mere. Jeg kiggede ud på gadelampen og tænkte, at måske slår han hende ihjel, men det måtte jeg finde ud af, når det blev morgen. Nu skulle jeg sove. Jeg kiggede bedrøvet ud på gadelampen og lagde mig ned.

Mor, hvorfor går du ikke fra far, når han slår dig?

Næste morgen fandt jeg hende liggende helt stille på den hårde divan i stuen. Hun lå helt stille på briksen. Jeg tænkte, at hun måske var død. Jeg puffede kraftigt til hende for at se, om hun var i live. Det var hun. Hun var blå, lilla og sort i hele højre side af ansigtet. Jeg var omkring 9 år gammel.

Jeg husker en gang, jeg lå på spisebordet, at Carlo tog kvælertag på min mor, så hun rallede.

En dag i skolen i 3. klasse, blødte jeg ud af mine endetarm og ud på stolen i klassen. Nogle af de andre elever opdagede det. En sundhedsplejerske kiggede på det. Jeg skulle bukke mig forover, og de kiggede. Måske tog de nogle prøver. Det ved jeg ikke. Jeg havde det mærkeligt. Tror, at jeg var svimmel. Det sved i min endetarm.

Kapitel 35: Bag Teglværket

Børnene bag teglværket var meget optaget af bryster. Der gik et rygte om, at hvis man drak kærnemælk, fik man store bryster. Vi ville derfor kun drikke kærnemælk.

Børnene fra teglværket kom og ringede på. De ville ikke lege med mig, men være sammen med Carlo. De løb rundt i stuen om de få møbler. Han kyssede dem på munden. Tungekys. Tog dem på brysterne under blusen. Min mor var i køkkenet og vidste om det, men gjorde ikke noget for at stoppe det. Det gjorde mig forvirret. Den ældste datter fra familien bag teglværket blev gravid med Carlo og fik en pige. Han kaldte hende "lillepigen." Det hørte jeg ham kalde hende, da vi boede i Rundhusene lidt udenfor Bendtsted.

Efter at Frk. Svendsen havde fået nys om, hvad der foregik mod mig, var jeg hos geografilæreren om eftermiddagen. Jeg måtte ikke være alene hjemme efter skoletid. Hos geografilæreren, der boede i et lille rødt hus ved skolen, tegnede jeg landkort med blyant på pergamentpapir. Det var jeg god til, sagde han.

Jeg husker, at jeg var nede hos familien bag teglværket et stykke tid, måske sammen med mine søskende. Vi sov og spiste der. Vi fik at vide, at det godt kunne være, at vi ikke skulle tilbage til vores forældre mere. Jeg husker bare, at jeg var tom indeni, og at intet af det, de sagde, rørte mig overhovedet.

Efter et stykke tid kom vi tilbage til lejligheden på 1. sal i huset i Græmme. Jeg husker ikke så meget af det.

Kapitel 36: Min mors forræderi

Det, jeg husker, er, at min mor skrev et brev og lagde det i min meddelelsesbog. Hun sagde, at jeg skulle læse det op henne i skolen. Jeg gik i 3 klasse. Jeg husker, at jeg rakte fingeren i vejret, fordi jeg ville læse, men kunne ikke læse ordet "kvælertag". Der var to voksne kvinder, som bad mig om at komme op med brevet. De læste det, og jeg tror nok, at de blev meget vrede. Jeg kan ikke huske, om jeg var til en undersøgelse. Måske var jeg. Jeg husker det ikke.

Carlo fik mistanke om, at hun havde skrevet et brev og lagt det i min meddelelsesbog. Han var fnysende arrig mod hende og også mod mig. Efter det måtte jeg ikke være alene hjemme.

Det, jeg husker, var, at min mor sagde til mig, at jeg skulle skrive et brev om, at det var løgn, som de tidligere havde hørt om Carlos behandling af mig. Jeg skrev en seddel. Jeg tror nok, at jeg var blevet så gammel, at jeg kunne skrive. Sedlen blev afleveret i skolen. Det sagde min mor, at jeg skulle. I skolen blev de vrede over, at jeg havde løjet, men jeg havde jo ikke løjet. Det var sket alt sammen. Jeg tror nok, at jeg kom til at sidde efter. Jeg husker, at jeg var meget ulykkelig. Jeg forstod ikke, at jeg skulle sige, at sandheden var løgn.

Mor, hvorfor dækker du over Carlo?

Jeg husker, at jeg skrev et brev til Gud, der handlede om, at min mor havde sagt, at jeg skulle skrive, at sandheden var løgn, og om at læreren havde skældt mig ud for det, min mor havde bedt mig om at skrive. Jeg lagde sedlen på stolen og håbede, at rengøringspersonalet ville finde det og aflevere det til en lærer.

Min mor sagde, at jeg skulle komme lige hjem efter skole. Jeg sagde, at jeg skulle sidde efter for at rette regnefejl. Det gjorde jeg ofte, men nogle gange sagde jeg det, fordi jeg ville lege med Anita og Henriette. De boede i et parcelhuskvarter ikke langt fra skolen. Der var ro og orden hos dem. De havde deres egne værelser. Jeg holdt meget af at være sammen med dem.

Kapitel 37: Embedslægen

Min mor sagde indladende, at hvis der kom en mand og spurgte mig, hvad jeg hed, skulle jeg enten ikke sige noget, eller at jeg hed: "Gussi". Hun sagde, at hvis jeg sagde det, ville hun strikke en trøje til min ønskedukke. Hun sagde det venligt og smilende. Der kom en mand. Jeg formoder, at det var embedslægen. Da embedslægen kom, kiggede min mor hemmelighedsfuldt på mig og smilede. Han kiggede meget grundigt på mig og spurgte mig, hvad jeg hed. Jeg svarede: "Gussi", for det havde min mor sagt, at jeg skulle sige. Jeg kunne ikke forstå, at hun ville have mig til at sige noget, der ikke passede. Jeg ville gerne have en lille trøje til min ønskedukke. Hun dækkede over sin mand ved at manipulere med systemet og med mit følelsesliv. Hun forsvarede mig ikke. Hun var pædofil og aktivt medvirkende til seksuelle forbrydelser.

Mor, hvorfor vil du have mig til at lyve?

Frk. Svendsen havde lavet en indberetning til embedslægen om alt det, jeg var udsat for. Embedslægen undersøgte Gussi, som han fejlagtigt troede var mig, og fandt intet. Han kunne ikke finde tegn på en blødende endetarm.

Kapitel 38: Håndarbejde

Når det var efterår og vinter, sad vi indenfor. Min mor strikkede en lille lyseblå trøje med lange ærmer til min ønskedukke. En anden dukke, jeg havde, havde kun ét øje. Det venstre. Jeg havde puttet en gæsling i det tomme øje, så det kunne blive som et øje.

Vi lærte at strikke på 4 pinde og lave tommelfinger. Vi skulle strikke luffer. Hun sagde, at den, der blev først færdig, havde vundet. Jeg strikkede pænt og blev først færdig. Hun blev rasende, fuldstændig hysterisk og trævlede halvdelen af min luffe op og strikkede mit løst og grimt. Så strikkede hun Gussis og sagde, at Gussi blev først færdig. Løgnen gjorde mig forvirret og meget ked af det.

Mor, hvorfor snyder du?

Vi lærte også at hækle. Jeg tror nok, at vi lærte at hækle grydelapper. Det var en tid, hvor jeg husker, at min mor brugte tid på mig. Om hun gjorde det, fordi Carlo misbrugte mig, eller om hun gjorde det ud fra omsorg for mig, ved jeg faktisk ikke. Min følelsesmæssige oplevelse var varme, men samtidig var jeg i tvivl, for hun var meget uberegnelig.

Mor, hvorfor gør du det, du gør?

Min mormor havde syet en natkjole til mig, da jeg havde været på ferie hos hende. Den var af noget blåt stof med små figurer på. Hun havde sagt, at mor ville blive glad, når hun så den. Det blev hun ikke. Hun blev rasende og fuldstændig hysterisk og meget ophidset. Hun tog den og lagde den i symaskinen og syede på kryds og tværs på den, så den ikke kunne bruges. Bagefter satte hun mig til at sprætte det op, hun havde syet. Det kunne jeg ikke, for det var syet meget hårdt og tæt sammen. Sådan som jeg husker det, klippede hun i stoffet og syede en natkjole til Gussi af det, der skulle have været en natkjole til mig fra mormor.

Mor, hvorfor må jeg ikke få en natkjole af mormor?

Kapitel 39: Gadekæret

Min mor sagde ret intenst, at jeg skulle sidde med min bog vendt på hovedet, når vi havde læsning i skolen. På den måde ville Frk. Svendsen tro, at jeg var ved at læse slutningen af min bog. Hvis hun kom ned og opdagede, at jeg sad med min bog på hovedet, ville hun tro, at jeg var dum. Det ville min mor gerne have, at hun troede.

Mor, hvorfor vil du gerne have, at Frk. Svendsen tror, at jeg er dum?

En eftermiddag drak jeg te sammen med min mor. Hun lærte mig at stritte med lillefingeren. Som hun sagde, at når man gør det, kan folk se, hvor man kommer fra. Mor sagde, at jeg skulle sige det henne i skolen. Det gjorde jeg. En dreng spurgte mig, hvor jeg kom fra. Det kunne jeg ikke svare på, for jeg havde boet så mange forskellige steder.

Mor, hvorfor skal jeg stritte med lillefingeren?

Vi legede med børnene, der boede ved gadekæret i landsbyen. De boede i et lille hus. Deres far var syg. Han boede det meste af sit liv på et psykiatrisk hospital. Deres mor var natteblind. Det var et meget fattigt hjem. Der var altid koldt i deres hus. Jeg legede også med børnene, der boede bag teglværket. Ved siden af dem var der en gård. En dag skulle en af grisene fare. Vi prøvede at gætte, hvor mange små grise den fik. Vi var også de børn, de andre ikke måtte lege med.

Kapitel 40: Zinkbaljen

I begyndelsen af den tid, vi boede i det hvide hus i Græmme, boede vi i stueetagen. Jeg var omkring 8 år. Jeg husker en jul, hvor min morbroder Hasse skulle være julemand. Der var mange skænderier udenfor. Jeg fik nogle træbyggeklodser. Jeg sad og byggede med dem, og Carlo kom og ødelagde det, jeg lavede. Han sparkede til det. Jeg blev ved med at bygge det op. Carlo blev ved med at sparke til det. Til sidst tog han dem fra mig. Jeg fik dem ikke igen.

Mor, hvorfor gør du ikke noget?

Det hvide hus var nykalket. Det havde været snevejr. Der lå tøsne på jorden. Jeg havde nogle fingervanter, og med dem tog jeg sne og lavede fingeraftryk med mine vanter på muren. Det så flot ud. Jeg lavede mange aftryk. Det sneede stadig.

En dag blev jeg skældt ud og fik at vide, at jeg skulle sidde i en zinkbalje med varmt vand. Den var i køkkenet. Jeg skulle sidde i baljen, og bagefter skulle jeg ind til Carlo. Jeg blev bange og sad længe i baljen, til vandet var iskoldt. Min mor kom og hev mig op af baljen. Jeg blev placeret på skødet af Carlo med hovedet nedad og med mit skridt over hans skridt. Jeg blev slået hårdt mange gange. Pludselig holdt han op med at slå, men lod sin højre hånd glide famlende over mine baller. Han blev seksuelt ophidset. Jeg kunne mærke hans erigerede lem og skreg højt af angst. Min mor sad i stuen og strikkede. Hun sad med bøjet hoved og gjorde intet. Da jeg skreg, tog hun mig med ud i spisekammeret, hvor hun gav mig nogle piller med ordene: "Så kan far bedre mærke dig." Mere husker jeg ikke.

Mor, hvorfor giver du mig piller?

Kapitel 41: Triste hændelser i Græmme

Det var sommer. Carlo sagde, at jeg skulle være nøgen under et tæppe, og at jeg skulle gå op til en gårdejer, der havde en gård tæt ved gadekæret. Jeg skulle vise mig for ham nøgen under tæppet, når han kom ud på gårdspladsen. Carlo sagde, at det var meget vigtigt. Jeg gik nøgen under tæppet og lagde mig i udkanten af gården. Gårdejeren kom, og jeg løftede tæppet, så han kunne se min nøgne krop. Carlo havde sagt, at det var meget vigtigt. Jeg tog tæppet på igen og gik hjem. Carlo kørte op til gårdejeren og bad ham om penge, fordi han havde set min nøgne krop. Han gav Carlo penge. De fandt ud af, at Carlo var pædofil.

Der var mange skænderier og meget vold, da vi boede i Græmme. Ved en familiefest fik jeg at vide, at jeg skulle blive siddende, til alle voksne havde spist op. Jeg var 8 år. Det varede flere timer. Jeg sad som limet på stolen og var meget angst for, at Carlo skulle slå mig. Jeg måtte åbenbart ikke lege med de andre børn, der var med.

Pludselig en dag, jeg kom hjem fra skole, var vi flyttet op til 1. sal i det hvide hus.
Jeg ved ikke hvorfor, sikkert noget med økonomien. Jeg var 8-9 år. Måske havde Carlo drukket pengene op, så han ikke kunne betale regningerne. Måske ville han spare sammen til et nyt hus. Jeg ved det ikke.

En dag sagde min mor til mig, at jeg skulle give mine glansbilleder til den pige, der bestemte mest i skolegården. Det gjorde jeg, men forstod ikke hvorfor. Min mor sagde, at jeg ikke måtte tage mit håndarbejde med hjem. Jeg forstod ikke hvorfor. Jeg sagde til Lillys lillesøster, som jeg gik i klasse med: "Vi ses i morgen." Pludselig flyttede vi hurtigt i ly af skumringen til et øde sted udenfor Bendtsted, der hed Rundhusene. Der boede vi i 4 år. Der gik 8 år, før jeg så Lilly og hendes lillesøster igen. Jeg så dem igen i 1973.

Mor, hvorfor skal jeg give mine glansbilleder til en, jeg ikke kender?

Der var meget vold, meget mishandling og mange skrig. Min stedfars broder Ejnar hørte det og så det. Men ingen gjorde noget. Ingen anmeldte det. Jeg talte med Ejnar i 1998. Han kørte mig hjem en aften fra en lille by i Nordsjælland. Han fortalte, at han stadig kunne høre skrigene fra os som børn. Volden var årsag til, at de ikke besøgte os hyppigere, da vi var børn. Ejnar døde i 1998.

Længe

Kapitel 42: 2. Klasse i Længe

Vi boede i Længe, da jeg var 5 til 8 år. I den sidste tid i Længe havde jeg en særlig oplevelse. Jeg tror, at det var i 2. klasse. Vi var i et andet klasselokale, end vi plejede. Der kommer en familie ind. En søskendeflok. De begynder at synge a capella. Det lyder smukt. Jeg begynder at græde. De har alle en øjensygdom, der gør, at de har smalle øjne og skal lægge hovedet tilbage for at kunne se.

De bliver kaldt for Kigkarl. De boede i et lille hus til venstre lige før broen. Jeg gik forbi deres hus hver dag, når jeg skulle i skole.

Kapitel 43: Skolestart i Længe

Da jeg skal begynde i 1. klasse, børster min mor mit hår længe, igen og igen. Hendes næse løber. Hun pudser den ikke, men snøfter. Måske har hun nældefeber. Hun snøfter og snøfter, en af dråberne bliver ved med at løbe nedover hendes næsetip. Min mor har flettet mit hår i to fletninger. De bliver sat op på hovedet og bundet sammen med en stor hvid sløjfe. Vi går udenfor. Vi er på vej mod Længe Skole, hvor jeg skal starte i 1. klasse. Tæt på skolen siger min mor, at jeg skal gå yderst på kantstenen, og når der kommer en bil, skal jeg gå ud foran den. Jeg kigger forvirret og forundret på hende. Undrer mig over, at hun ønsker mig død. Min mor er nærmest euforisk ved tanken.

Mor, hvorfor skal jeg køres over?

Jeg var glad for at gå i 1. B. Vores klasselærerinde hed Fru Swiss. Hun var ikke særlig høj. Jeg lærte hurtigt at læse. Der var rent og pænt. Jeg havde ingen legekammerater fra skolen. Måske havde jeg nogen hjemme fra vejen. Jeg husker det ikke.

Mor, hvorfor har jeg ingen legekammerater?

De andre, der sidder bagved mig i klassen, hiver mig i hestehalen. Jeg græder og græder og kan ikke forstå, at de bliver ved. Leif har glasøje. Det højre øje. Han bliver sendt udenfor døren, fordi han tabte sit glasøje inde i klassen. Jeg spørger om, hvorfor Leif bliver sendt udenfor døren. Jeg bliver sendt udenfor døren sammen med Leif, fordi jeg spurgte om det. Leif kunne da ikke gøre for, at han tabte sit glasøje.

I 1. klasse havde jeg god kontakt til en, der hed Sanne. Hun boede ved skolen. Hendes mor var lærerinde. Jeg blev inviteret til at komme og lege kl. 15. Hjemme fik jeg skoletøjet på og fik at vide, at jeg ikke måtte tage skoene af, når jeg kom til Sanne. Det kunne jeg ikke forstå. Jeg kom til Sanne. De sagde, at jeg skulle tage mine sko af. Det gjorde jeg. De kiggede på mine fødder og tæer. De var beskidte. De lavede et varmt fodbad til mig, vaskede og ordnede mine fødder. Senere fik jeg ikke lov til at lege med Sanne. Mor besøgte hendes mor og sagde til mig, at jeg ikke måtte lege med hende, fordi hendes mor havde hvide fingre (fra skolekridtet). Jeg var glad for, at min mor forsvarede mig. Det var den eneste gang, hun gjorde det. Det troede jeg, at hun gjorde.

Mor, hvorfor må jeg ikke lege med Sanne?

Jeg gik til redskabsgymnastik, da jeg gik i 1. klasse. Vi sprang over forskellige gymnastikredskaber. Jeg skulle hoppe over den, der blev kaldt "hesten". Den var for høj, og jeg væltede ned på gulvet. Lederen sagde, at jeg skulle gå ud i omklædningsrummet, så vil hun komme og give mig noget trøst. Jeg vidste ikke, hvad trøst var. Jeg var meget spændt på, hvad det var. Hun gav mig noget chokolade med nødder. I mange år troede jeg, at det var navnet på chokoladen.

Hjemme fortalte jeg, at jeg var faldet ned af "Hesten". Senere tog Carlo en rigtig hest med. Det var aften og mørkt udenfor. Det krøb mig langt ned ad ryggen og ind i sjælen at se ham med en pony udenfor vinduerne til gymnastiksalen. Jeg hoppede også i trampolin. Min krop var helt stiv. Senere måtte jeg ikke gå til redskabsgymnastik.

Mor, hvorfor må jeg ikke gå til redskabsgymnastik?

I 1. klasse skulle vi stå to og to udenfor i skolegården, inden vi gik ind i klasselokalet. En dag kom en meget stor dreng og tog mig væk fra rækken. Han sagde, at jeg skulle sidde på bænken ved siden af ham. Jeg gik med, fordi han sagde det. Han holdt min hånd fast. Jeg kunne ikke komme fri. Han sagde, at jeg SKULLE sidde ved siden af ham. Jeg var ked af det, fordi jeg ville ind i klassen. Da skoledagen var gået, opdagede nogen fra min klasse, at jeg sad der. De kaldte på en lærer, og jeg blev fri. Jeg tror, at drengen var udviklingshæmmet. Jeg græd. Han havde holdt min hånd mellem sine ben ved sine kønsorganer.

Min mor havde sagt, at jeg ikke måtte gå over den hvide stribe indtil skolegården, før klokken ringede. Det kunne jeg ikke forstå. Jeg kunne godt lide at komme i god tid. En dag var jeg kommet i god tid. Jeg stod udenfor og ventede på, at klokken skulle ringe, så jeg kunne komme ind i skolegården. En lærer var inde i gården og spurgte mig, hvorfor jeg stod derude. Jeg svarede, at min mor havde sagt, at jeg ikke måtte gå ind, før klokken ringede, og så skulle jeg løbe ind i klassen.

Mor, hvorfor vil du gerne have, at jeg kommer for sent?

Jeg skulle til høreprøve. Jeg vidste ikke hvorfor. Min mor sad på den anden side af glasskærmen, der var i lokalet. Jeg sad bagved glasskærmen sammen med en dame. Jeg fik hovedtelefon på. Jeg skulle række hånden op, når jeg kunne høre nogle lyde. Min mor sad på den anden side og skulle skrive op, når jeg rakte hånden op. Hun kiggede ikke på mig, men skrev noget, der var helt forkert. Min mor ville gerne give indtryk af, at jeg ikke kunne høre noget. De opdagede, at min mor skrev helt forkert, og undersøgte det selv. Der var ikke noget i vejen med min hørelse.

Mor, hvorfor lyver du om min hørelse?

Kapitel 44: Mit navn

Min mor og jeg gik fra Vang 4 til Længe Skole. Vi gik ind på biblioteket, der lå ved siden af 1. klasse. Når man gik i skole, kunne man få et lånerkort. Jeg skulle have et, men min mor sagde, at det var til Gussi. Hun sagde, at der skulle stå Gussi på lånerkortet og ikke mit navn. Jeg blev vred og ked af det. Jeg sagde højt mit navn og sagde, at det var det, der skulle stå på lånerkortet. Min mor blev hidsig og arrig over at blive konfronteret med sine løgne. Hun vedblev med at sige Gussis navn. Min mor krævede hele tiden, at jeg skulle tænke på, hvilke bøger Gussi ville låne. Så skulle jeg tage dem. Jeg måtte ikke låne nogen til mig selv.

Mor, hvorfor må jeg ikke låne bøger til mig selv?

En gang lærerinden sagde mit navn, da jeg gik i 1. klasse, græd jeg, fordi de sagde det med varme. De spurgte mig, hvorfor jeg græd. Jeg svarede, at det var, fordi de sagde mit navn. De troede så, at det betød, at jeg ikke kunne lide, at de sagde mit navn. Sådan var det ikke. Jeg var bare ikke vant til, at nogen var venlige imod mig. Senere rakte jeg hånden op og sagde, at de gerne måtte sige mit navn.

I 1. klasse skulle vi have fluorskylning. Vi gik udenfor og hen til vandhanerne, der var på gangen. Vi fik et glas med fluor i. Jeg skyllede. Da vi kom ind i klassen igen, spurgte de om der var nogen, der ville have en fluorskylning. Jeg rakte hånden op. Det ville jeg gerne. Jeg fik to. Jeg rakte hånden op, fordi den dame, jeg havde talt med, havde varme i stemmen.

En dag, jeg kom hjem fra 1. klasse, sad min mor for enden af spisebordet. Hun ville høre, hvad jeg havde oplevet. Jeg fortalte glad om, hvad Fru Swiss havde sagt. Min mor lyttede og smilede.

Kort efter kom min mor og Gussi til mig i 1. klasse og sagde, at jeg skulle komme hjem. Jeg ignorerede det. Jeg var glad for at gå i skole og kunne ikke forstå, hvorfor jeg skulle gå hjem. Gussi gik hen til mig inde i klassen, tog det papir, jeg skrev og tegnede på, og afleverede det til lærerinden. Jeg var ikke færdig og var dybt rystet.

Min mor viste lærerinden det falske bibliotekskort med Gussis navn på. Der blev en del palaver. Jeg fik skæld ud. Det var mig, der var blevet krænket, og det var mig, der fik skæld ud. Så havde min mor opnået det, hun ville. Nemlig, at nedgøre mig.

Mor, hvorfor vil du gerne have mig ud af 1. klasse?

Kapitel 45: Slørhalen

I huset overfor os boede en dreng. Jeg tror, at han hed Henrik.

Vi fulgtes ad til Længe Skole. Vi havde det sjovt sammen. Jeg oplevede, at jeg blev lyttet til og forstået. Huset overfor var stort, hvidt med et værksted i underetagen. Der var en stor have med græsplæne. Haven var ligesom en skrånende bakke. Henrik spurgte mig en dag, om jeg ville se hans guldfisk. Det ville jeg gerne og gik med ham op på toppen af bakken i haven. Der var en lille dam. Der var en slørhale. En guldfisk. Vi kiggede længe på den og dens bevægelser. Jeg tror, at det var efterår. Jeg havde sikkert meget begejstret fortalt ved spisebordet, at jeg havde set Henriks guldfisk oppe i haven. Det brød de sig ikke om. De brød sig ikke om, at jeg havde det godt med nogen.

Mor, hvorfor kan du ikke lide, at jeg er glad?

En dag, Henrik kommer hen til mig udenfor huset, kalder Carlo ham hen til sig. Han har misforstået det med guldfisken og tror, at det er hans penis. Han tvinger Henrik til at vise ham sin penis. Han bider den af. Carlo bider Henriks penis af. Senere siger han opstemt, at jeg skal give Henrik en fisk. Han giver mig noget hudfarvet i min hånd. Jeg siger, at det ikke er en fisk. Carlo siger, at jeg skal give den til Henriks mor, og at det er VIGTIGT, at jeg skyller den i dammen først. Jeg ringer på og giver Henriks mor, hvad jeg har i hånden. Hun bliver forfærdet. Jeg ved ikke, hvor Henrik er.

Nogle dage senere ringer jeg på for at lege med Henrik. Han var der ikke. Han var kommet på børnehjem. En voksen fortæller mig, at der kommer uartige børn hen. Jeg fortæller, at Henrik ikke er uartig. Jeg kommer indenfor. To voksne lytter til det, jeg fortæller. Jeg savner ham. Carlo var pædofil og havde fået mig til at vaske beviserne for sin kriminelle handling af i den lille sø med guldfisken.

Mor, hvorfor gør du ikke noget?

Kort efter, sikkert nogle dage, måske uger, ringede det på døren. Det var Henrik. Han havde fået langt lyst hår og lignede en pige. Måske var han blevet lavet om til en pige. Jeg ved det ikke? Carlo havde sagt, at jeg skulle spørge: "Hvor er din tissemand? " Og at det var VIGTIGT, at jeg spurgte. Jeg spurgte derfor, fordi jeg havde fået at vide, at det var vigtigt. Han blev ked af det og gik. Jeg så ham

72

aldrig igen. Jeg er meget ked af alt det, han har været udsat for, fordi han mødte min stedfar Carlo. Gud havde skabt ham som dreng. Måske måtte han leve sit liv som pige. Han var bare 7 år. Det var jeg også.

Kapitel 46: Posthuset

Min mor taler ivrigt til mig og lover mig noget. Hvad hun lovede, kan jeg ikke huske.

Min mor tager Carlos lønseddel med til posthuset. Der er ingen penge på kontoen. Pengene er allerede hævet og brugt. Formentlig til druk. Der er ikke nok til at betale regningerne. Min mor spørger mig, hvad hun skal gøre. Jeg er 7-8 år. Jeg forklarer hende, at hun næste gang skal hæve hans penge, vise ham regningerne og lægge en bunke penge ovenpå hver regning, han skal betale.

Hun fulgte mit råd. Han gik ud ad døren meget aggressivt. Der var ikke mange penge tilbage, når de faste udgifter var betalt. Han fortsatte med at drikke det hele op. Der blev ikke penge til tøj og fritidsinteresser.

Mor, hvorfor er der ingen penge på kontoen?

Kapitel 47: Ung pige i huset

Det var i 1960'erne. Der var mange penge i samfundet. Mette og Carlo må have sat en annonce i avisen, hvor de søgte en "Ung pige i huset". Pludselig en aften kom der et ægtepar med en voksen pige. Min mor havde sikkert sagt til Carlo, at han skulle lade hende føre ordet. Sådan blev det. De havde lavet deres soveværelse, så det så ud til at være et værelse til hende. Hendes forældre blev vist rundt, fik bundet en løgnehistorie på ærmet. De godkendte stedet til deres datter. Så snart hun var flyttet ind på værelset, blev vores senge ført tilbage. Hun havde ikke eneværelse, men skulle sove sammen med os alle sammen. Jeg kan ikke huske, hvad hun hed. Tror, det var Susan.

Jeg husker ikke, hvornår hun kom, men hun var hos os, da jeg gik i 1. klasse.

En dag, jeg kommer hjem fra skole, er der en voksen pige, der står i døren og kalder på mig. Jeg kender hende ikke og bliver bange. Efter et stykke tid går jeg indenfor. Det var på den tid, jeg var ved at tabe mine mælketænder. Min to fortænder. Der bliver bundet en snor om håndtaget og mine tænder.

Susan laver sagosuppe. Jeg kunne ikke lide det. Hun leger maden ind i mig, og jeg griner. Susan og jeg har det sjovt sammen. Carlo kigger misundeligt på den varme, vi har sammen.

Gussi har lavet ballade, men det er mig, der bliver straffet ved at blive slået med en bøjle. Susan bliver sat til at slå mig. Det finder hun urimeligt. Vi går ud i den lille gang og laver den aftale, at hun skal slå på en pude, og så skal jeg sige højt: "AV". På et tidspunkt kommer jeg til at grine. Min mor flår døren op. Hun opdager, at jeg ikke får tæsk og tager Susan udenfor i mørket. Susan råber: "Du er sindssyg", til hende. Jeg tror, at min mor gav Susan tæsk med tøjbøjlen udenfor i mørket. Susan fik "dårlig mave" af at være hos os.
Jeg venter inde i gangen. Susan kommer stille ind. Susan ringer hjem til sine forældre. Hun taler højt og græder i telefonen.

Mor, hvorfor skal jeg have tæsk, når jeg ikke har gjort noget?

Jeg lå i den øverste køjeseng. Gussi lå i den nederste. Hvor Palle sov, husker jeg ikke. Pludselig en aften havde Carlo taget noget metal fra værkstedet, som han stak op i Susan med ordene: "Så behøver du ikke at tænke på, at du bliver gravid, når du er sammen med mig". Han havde sex med hende. Jeg så det fra den øverste køje. Jeg var 7 år. Min mor lå og sov eller lod som om.

Mor, hvorfor gør du ikke noget?

En aften kom Susans forældre. Susan ville hjem. Jeg ville med hende hjem til hendes forældre. Jeg hviskede det i øret til Susans far. Jeg husker ikke hvordan eller hvornår, kun at Susan sad på bagsædet i bilen. Hun kom ikke igen. Der kom ikke nogen ny ung pige i huset. Da det blev dag, så jeg min mor gå med meget rank ryg op ad trappen. Jeg ved ikke, hvor hun havde været, men jeg tænker, at hun havde prøvet at dække over Carlos forbrydelser ved at give Susan skylden. Jeg ved det ikke med sikkerhed, men tænker, at det nok har været på den måde. Hun dækkede altid over hans forbrydelser.

75

Kapitel 48: Sygehuset

Vi boede i den gule bungalow Vang 4. Den var bygget af gule mursten. Der var en stor have, meget plads at lege på. Et par frugttræer på græsplænen, forskelligt buskads med blomster og en stor køkkenhave. Jeg kan ikke huske, at jeg legede så meget med de andre på vejen.

Jeg var 7 år og skulle på hospitalet for at få fjernet mandler. Det var på Tretårnby sygehus. Jeg blev bedøvet med æter. Jeg lå på en 8-sengs stue. Jeg havde det godt. Der var rent og pænt. Personalet var søde imod mig. Det, der gjorde mig ked af det, var, at jeg aldrig fik besøg. De andre fik besøg hver dag. Hver gang der var besøgstid, bad jeg om at få bækkenet, så fik jeg også besøg på den måde. De andre blev sure på mig, fordi jeg altid ringede efter bækkenet i besøgstiden. Til sidst var der en af de andres familier, der sad lidt ved mig og gav mig frugt. Det var pænt af dem. Jeg var ensom og forladt.

Mor, hvorfor besøger du mig ikke?

Jeg lå der i 8 dage. Jeg nød trygheden. Der var rart, og der var ingen, der slog mig. Da jeg var indlagt på børneafdelingen, kom sygeplejerskerne og lagde deres hånd på min pande. Nogle gange græd jeg højlydt. Det gjorde fysisk ondt i min krop, når de gjorde det. Jeg var ikke vant til berøring. Hele min krop oplevede smerte. De talte blidt til mig. Det var rart. Langsomt faldt jeg til ro. De var søde imod mig. Min mor var ond.

Efter operationen fik jeg is. Det kunne jeg godt lide. Jeg blev behandlet godt og ville ikke hjem. Da jeg fik besked om, at jeg skulle hjem den næste dag, begyndte jeg at tisse i sengen. Hospitalet var det eneste sted, hvor jeg oplevede omsorg. Hjemme var der ondskab.

Mor, hvorfor er du ond imod mig?

Min mor og Gussi kom næste dag. De talte ikke til mig. Jeg så reserveret på dem og løb hen til lægen i tillid til og i håb om at få lov til at blive. Jeg løb hen til min stue og min seng. To sygeplejersker var ved at ordne min seng. De vendte madrassen om. Jeg måtte slukøret gå ud på gangen. Lægen kaldte på mig og talte strengt til mig. Det kunne jeg ikke lide. Til sidst blev jeg bange og ligegyldig, fulgte bare med. Min mor var tavs. Jeg græd, fordi jeg nødvendigvis måtte gå væk derfra, væk fra omsorgen, venligheden og varmen.

Kapitel 49: Ole

Da vi boede i Længe, Vang 4, besøgte jeg ind imellem Inge. Hun var moster til Carlo. Hun boede i et hus på Hovedgaden. Hun boede sammen med sin far Ole. Carlos morfar. Hun passede sin far lige til hans død. Hendes mor, Jane, havde begået selvmord. Hun havde hængt sig i en loftsbjælke.

Jeg vaskede gulv. Jeg fik 5 kr. pr. gang. Når jeg kom hjem, tog Carlo mine 5 kr. og lagde dem i sin pung med en veltilfreds mine. Senere ringede jeg til Inge for at fortælle, at jeg ikke længere kunne vaske gulv for hende, da Carlo tog mine penge. Jeg tror, at hun blev gal over det.

Men jeg fortsatte med at besøge hende og især hendes far Ole, som serverede te for mig og talte med mig om Gud og englene.

Kapitel 50: Barnevognen

På vejen ved Vang 4 kom der nogle børn, der ville lege "far, mor og børn". De havde en barnevogn med og ville have, at jeg skulle lægge mig i den. Jeg var omkring 7 år. De var yngre. Jeg kunne ikke komme op i barnevognen, så de lagde den ned ved håndtaget, så jeg kunne kravle baglæns ind. De gav mig dyne på og kørte med mig. Pludselig lød en voldsom manderøst. Alle børnene løb væk meget hurtigt. Carlo tog barnevognen og kørte den ind i værkstedet, hvor han sprayede over hele barnevognen. Han havde ikke set i barnevognen. Han troede måske, at der lå en baby. Han ville bedøve babyen, og indtil bedøvelsen virkede, var han gået udenfor.

Jeg fik kravlet ud af den alt for lille barnevogn, stod ved døren og ventede på at kunne komme ud. Carlo kom ind, var forvirret og bedrøvet over, at en baby, han havde udset sig til seksuelt misbrug, var forsvundet. Han troede, det var en hallucination. Min mor lagde hånden på hans skulder. En tåre var i Carlos øjne. Jeg var lettet over at være sluppet fri.

Kapitel 51: Snegleskjul

På vejen var der nogle børn, der legede snegleskjul. Man tegnede et stort sneglehus med kridt på vejen. På nogle af stregerne lavede man cirkler. Det var helle. Jeg kan ikke helt huske reglerne. Det er så mange år siden.

Pludselig en eftermiddag løb alle børn, jeg legede snegleskjul med, væk. Først vidste jeg ikke hvorfor, men jeg kunne mærke det. Jeg kunne mærke det på hele min ryg og numse. Ja, helt ind i anus, at Carlo stod bagved og kiggede på alle børnene. De havde grund til at løbe væk.

Jeg var omkring 6 år. Der kom en af Carlos arbejdskammerater og sagde, at han gerne ville se min tissekone. Jeg vidste ikke, hvad en tissekone var. Han sagde, at jeg skulle tisse bag muren ved garagen. Så ville han stå nede ved hønsehuset for enden af køkkenhaven og se min tissekone, når jeg tissede. Det gjorde jeg. Han sagde, at jeg skulle sprede mine ben noget mere, så han kunne se noget mere. Jeg havde meget blandede følelser. Så vidt jeg husker, gav manden mig 5 kr. som min mor gav tilbage til ham med ordene om, at han ikke behøvede at give penge, fordi han kunne lide børn.

Mor, hvorfor giver du manden pengene tilbage?

Det var sommer. I køkkenhaven skulle der luges ud i rækkerne med løg. Jeg fjernede hver anden. Jeg spurgte min mor om, hvad så hvis det var dem, jeg fjernede, der ville blive til noget, og de, der blev tilbage, ville blive dårlige. Min mor kiggede på mig og sagde: "Nu skal du ikke være så spidsfindig". Det var den eneste gang, hun talte direkte til mig.

Kapitel 52: Telefonerne

Jeg må have været omkring 6 - 7 år. Vi havde fået en telefon. Den havde en stang man skulle dreje for at få centralen. Jeg tror, at min mor havde fået den af min morbroder og mormor, så hun havde mulighed for at ringe om hjælp. Senere fik vi en anden telefon.

En dag ringede telefonen. Det var en anden telefon. Den stod midt på skrivebordet, der stod midt i stuen. Carlo tog den og smadrede den i gulvet. Han var bange for apparater, der ringede. Han fortalte lettet min mor, at nu havde han fået den til at holde op med at ringe. En skaldet mand med bredt ansigt kom. Han udfyldte nogle papirer. Carlo havde hallucinationer. Den skaldede mand kiggede på mig, men sagde ingenting. Måske blev Carlo indlagt? Jeg ved det ikke. Måske var han væk et stykke tid. Jeg husker det ikke. Jeg syntes kun, at det var rart, når han var væk.

Mor, hvorfor siger du ikke noget?

Kapitel 53: Møntvaskeriet i Længe

Min mor gik med cyklen. Der var en pose med vasketøj bagpå. Vi skulle på møntvaskeri nede på Hovedgaden. Jeg havde aldrig været på møntvaskeri før, vidste ikke, hvad det var. Vi kom ind, jeg satte mig på bænken. Min mor sagde strengt og vredt til mig, at jeg skulle blive der, indtil alle maskinerne var færdige. Jeg sad der længe. Det var blevet mørkt udenfor. Manden, der låste vaskeriet af, lukkede mig ud. Jeg husker ikke klart, hvordan jeg kom hjem, men jeg gik nok hjem i mørket.

En anden dag. En eftermiddag. Solen stod lavt på himlen. Min mor stod udenfor vaskeriet på Hovedgaden. Min mor fik en mand til at sige til mig, at jeg skulle se, om jeg kunne kravle ind i tørretumbleren. Manden, der havde en brun skjorte og blå overall på, talte strengt til mig om, at jeg skulle prøve at komme ind i maskinen, så han kunne lukke den. Jeg kravlede ind, fordi han talte så strengt til mig, men jeg kunne ikke løfte mit venstre ben op i maskinen. Han havde en mønt eller polet i hånden til tørretumbleren. Hvis jeg havde fået mig selv derind, ville de ikke være skyldige i mord. Han gik ud til min mor, der stod udenfor og havde givet ham denne besked. Ikke kun en besked, men penge, for at han ville gøre det. Myrde mig i tørretumbleren. Jeg spurgte manden, hvorfor jeg skulle ind i tørretumbleren, den er kun til tøj. Jeg blev bedt om at blive indenfor i vaskeriet. Min mor stod udenfor. Manden talte aggressivt til hende, og pludseligt, voldsomt og heftigt åbnede hun sin bluse og blottede sin barm for ham. Jeg blev lukket inde på vaskeriet og fik besked om, at jeg kun måtte gå ud, når alle maskinerne var færdige. Det blev aften. Det blev mørkt. Hvordan jeg kom hjem, husker jeg ikke.

Mor, hvorfor prøver du at få andre til at myrde mig?

Kapitel 54: Smedenes juletræsfest i Længe

Min mor smilede med henrykt fryd, da hun havde taget trøjen af mig og smidt mig ud i vinterkulden med de mange frostgrader. Det var ved smedenes juletræsfest. Jeg var sorgfuld og undrende og kunne ikke forstå, at hun tog min varme trøje, nu det var så koldt. Døren var lukket. Jeg kunne ikke komme ind. Gennem vinduet kunne jeg se børn og voksne danse om juletræet. Jeg kunne ikke forstå, hvorfor jeg skulle lukkes ud. Min mor sad og så med fryd derpå og med et smil på læben og gik væk. En mand så mig stå derude i kulden. Han kom hen til mig og spurgte, om jeg stod der helt alene. Mit svar var tavshed. Måske spurgte han: "Hvorfor står du herude?" Hvad skulle jeg svare? Skulle jeg svare, at min mor havde lukket mig ud i kulden? Manden tog mig ved hånden og førte mig ind til alle de spisende mennesker og spurgte, om der var nogen, der ville have mig siddende ved deres bord? Der var ingen reaktion. Så sagde min mor, at hvis de rykkede lidt sammen på bænken, kunne jeg også sidde der. Hun lod, som om hun ikke kendte mig, stak en gaffel i låret på mig under bordet for at få mig til at græde, så det skulle se ud, som om jeg græd af taknemmelighed over, hvor god hun så ud til at være ved mig, den lille pige, der var blevet efterladt ude i kulden.

Mor, hvorfor lukker du mig ud i kulden?
Den mand, som førte mig ind i salen, var som sendt af Gud, for jeg kunne være blevet alvorlig syg, hvis jeg skulle stå derude i længere tid.

Kapitel 55: Politibetjenten

Carlo og jeg kørte i en bil med lad. Jeg må have været omkring 6 år. Der var ikke andre i bilen. Vi kørte i det inderste spor på motorvejen. Carlo åbnede døren, hvor jeg sad, så den var på klem. Carlo sagde, at jeg skulle rykke tættere på døren. Pludselig ud af det blå kom der en politibetjent og sagde til Carlo, at han skulle lukke døren, og at jeg skulle rykke tættere ind i bilen. Jeg tror, at det var en engel.

Carlo sad vred, forundret og irriteret og mumlede: "Hvordan kunne han vide det"? Det var Carlos plan, at jeg skulle falde ud på kørebanen og blive kørt over. Dræbt.
Carlo kendte ikke Guds plan, han forstod ikke, at Gud kan sende hjælp, og at hjælpen kan være størst i et afgørende øjeblik på grænsen mellem liv og død. Det er denne hjælp i nødens stund, som fortæller mig om Guds omsorg for de mindste. Dette øjeblik, denne følelse af Guds omsorg gav mig håb. Det var, som kunne jeg mærke Guds omsorg og kærlighed. Tak Gud.

Kapitel 56: Manden i den sorte uniform

Det var i kælderen Vang 4. Vi var i badekar sammen med Elses søn, Jesper. Else var en bekendt, Carlo havde. Jeg må have været ca. 6 år. Vi var nøgne. Sådan som jeg husker det, var der vinduer med en mat overflade. Vi pjattede i vandet. Pludselig kom min mor og sagde, at vi skulle have tøj på og have det på nede i vandet. Hun havde et underligt stift udtryk i ansigtet. Måske troede hun, at hun kunne beskytte os mod sin pædofile mand ved at give os tøj på. Hun tænkte sikkert ikke på, at han ville tage det af os.

Mor, hvorfor skal vi have tøj på i badekarret?

Det var på en station. Jeg må have været omkring 6 år. Vi sad i ventesalen. Carlo gemte sig bag en avis sammen med de andre, der gjorde det samme. Gussi og jeg var blevet udstyret med hver sin slikpose. Vi sad der længe. Slikket var spist. Der var gået flere timer. En mand i sort uniform kom hen til os. Han ville vide, om der var nogen voksne sammen med os. Ingen i ventesalen reagerede. Han spurgte mig, hvad min far hed. Jeg sagde navnet på mors fætter. Det kunne jeg huske, at min mor havde sagt. Manden i den sorte uniform tog mig ved hånden og hen til en skranke, hvor han ringede op fra en telefon. Jeg tror, at Gussi gav udtryk for, at jeg var hendes søster. Derfor blev jeg udleveret til dem.

En solskinsdag i Tretårnby gik Carlo og jeg på gaden. Jeg holdt ham i højre hånd. Vi kom forbi en spand med spanskrør. Han sagde, at hvis jeg ikke var ordentlig, ville spanskrørene komme løbende efter mig. Jeg gik der stille og roligt, men vendte alligevel blikket bagud, da vi gik videre for at se, om de kom løbende efter mig.

Kapitel 57: Bussen

Vi boede i Vang 4. Jeg havde foreslået Gussi at møde ved busstoppestedet, når vores mor kom fra arbejde. Jeg tror, at hun arbejdede på et plejehjem i køkkenet i Tvistbæk Kommune. Hun tog bussen hjem. Der var et stoppested i nærheden af kroen. Vi begav os på vej og ventede på bakken over busstoppestedet. Vi vidste, at vores mor ville komme den vej forbi. Vi vinkede til hende og var glade og forventningsfulde og forventede også, at hun var glad for, at vi ville overraske hende med at hente hende. Hun blev meget glad for at se Gussi, men ikke mig. Mig skældte hun ud over, at jeg var gået til stoppestedet for at hente hende, mens hun roste Gussi for at gøre det samme. Hun holdt Gussi i sin venstre hånd. Hun var tydeligt glad for at se hende. Jeg fandt det meget uretfærdigt, at jeg blev skældt ud for noget, Gussi fik ros for. Noget der var min idé.

Mor, hvorfor er du ikke glad for at se mig?

En anden dag stod Gussi, vores mor og jeg og ventede på bussen. Vi ventede ved busstoppestedet ved kroen. Min mor sagde til mig, at jeg skulle gå frem til det næste stoppested. Jeg sagde, at jeg ikke kunne komme med bussen, for jeg havde ingen penge. Hun svarede, at der ville være en dame i bussen, der ville betale for mig. Jeg var meget forvirret og gik til det næste stoppested. Jeg må have været 6-7 år. Bussen standsede. Jeg havde ingen billet, så sagde chaufføren, at jeg ikke kunne komme med. Jeg sagde, at en dame i bussen ville betale for mig. Min mor og Gussi sad i bussen. Min mor rejste sig op og betalte en billet. Chaufføren takkede hende for hendes godhed over at ville betale for en fremmed. Jeg satte mig ind på sædet bagved dem. Gussi sad inderst på sædet foran sammen med vores mor. Vores mor sagde så til Gussi, at hun ikke måtte sige noget til mig. Hun sagde følgende til Gussi: "Hun hører ikke til os". Jeg var forundret og vred. Jeg blev sat af bussen. Hvordan jeg kom tilbage til Vang 4, husker jeg ikke. Jeg har sikkert gået mange stoppesteder.

Mor, hvorfor må jeg ikke følges med jer?

Jeg må have været omkring 7 år. Min mor og jeg var på vej til Tretårnby med bussen. Vi kom til et torv, hvor der var en bygning. Vi gik ind. Min mor sagde, at jeg skulle vente på en stol ved døren. Jeg spurgte hende, hvad det var. Hun svarede, at det var ligesom en bank. Der var et blåt filttæppe på gulvet, blå gardiner. For enden af lokalet var der et glasbur. Der sad nogle kvinder og kiggede ud. Min mor havde sagt, at når hun kom ud igen og gik forbi mig, måtte jeg ikke gå med hende, men skulle blive siddende. Der gik lang tid, flere timer tror jeg. Min mor kom forbi og lod, som om hun ikke kendte mig. Jeg sad og ventede og ventede.

På et tidspunkt kom der nogle kvinder fra glasburet og kaldte på mig og førte mig ind til dem. De må have fået fat på min mor. Hun stikker hovedet ind gennem et hul i glasburet. En af damerne spørger mig: "Hvem er det"? Jeg svarede: "Mor". Min mor kiggede på mig og på dem og sagde med nærmest manisk stemme: "Hun kalder mig mor".

Jeg var forvirret, skuffet og såret over hendes manipulationer.

Mor, hvorfor vil du af med mig?

Kapitel 58: Englen

Det var mørkt udenfor. Jeg blev vækket af Carlo. Han tog mig ud af sengen i kælderen. Jeg blev iført en tynd sommerkjole. Jeg husker ikke, om jeg fik sko på fødderne. Jeg tror det ikke. Jeg var en lille pige på bare 6 år. Det var koldt. Jeg frøs. Vi kørte i bil. Vi kom til en færge. Den sejlede til Sverige. Der havde han været som karl på en gård, da han var ung. Vi tog bussen ud til det sted, hvor han havde tjent. Det regnede. Der var ingen bondegård, kun pløjemarker. Der var øde. Det var langt ude på landet. Måske var gården blevet revet ned? Måske var han kørt forkert? Jeg ved det ikke. Han tog mig ud på pløjemarken og ville efterlade mig der. Han gik et stykke væk fra mig ud mod vejen.

Jeg fik den tanke at råbe til min morfars Gud, at han ville sende en engel. Det skete. Pludselig ud af den blå luft kom der en engel, der lignede en gammel mand. Han tog min venstre hånd. Englen sagde, at når jeg kom hjem, skulle jeg sige til min mor, at hun altid skulle lave Carlos livretter og altid give ham ret, uanset hvad han sagde eller gjorde. Bagefter gik englen hen til Carlo, der stod i nærheden af vejen. Kort efter kom der en bil. De tog os op. I bilen var der en mand og en kvinde. De talte svensk. Jeg kunne ikke forstå det. Kvinden ville have mig til at sidde foran på hendes skød. Det gjorde

jeg. Da vi blev sat af, skinnede solen. Vi var i en stor by. Der var en iskiosk. Carlo sagde, at jeg skulle købe: "en glass"
Jeg forstod ikke, at det betød is på svensk. Jeg husker ikke, om jeg fik en is.

På et tidspunkt var jeg på færgen. Meget alene. To voksne mænd begyndte at snakke med mig. De prøvede at finde ud af, om jeg hørte til Sverige eller Danmark. Jeg husker ikke, hvordan jeg kom hjem til Vang 4, kun at jeg lå i min seng og var meget varm i min krop, da jeg vågnede op.

Da jeg vågnede op, sad min mor på en taburet ved siden af min seng. Der var lysebrunt linoleum på gulvet. Jeg tror, at hun kunne mærke, om jeg havde feber. Jeg fortalte hende, hvad englen havde sagt, og at det SKULLE hun gøre. I det samme øjeblik kom Carlo ved døren og spurgte, hvad vi talte om. Min mor sagde ingenting. Jeg svarede, at vi talte om, hvad der var hans livret. Min mor gjorde, som englen havde sagt.

Mor, forstår du, at det englen siger, er alvorligt?
Om englen var en udsending direkte fra Gud eller et menneske, Gud havde kaldet, er måske ikke så betydningsfuldt. Hele episoden fortalte mig, at et råb om hjælp til Gud kan få Gud til at sende en frelsende engel. Jeg er så taknemmelig over for min morfar, at han lærte mig om Guds hjælp og Guds kærlighed. Han viste ved sine egne bønner, at man kan bede om Guds hjælp. Så der er altid et håb. Tak Gud.

Kapitel 59: "Ormen"

En sommerdag i Længe, hvor jeg var omkring 5 år, skete der noget underligt. Jeg husker det ikke så tydeligt. Pludselig var haven fyldt med børn. Jeg var indenfor. Min mor sagde, at jeg skulle gå ud til børnene. I haven var der et gyngestativ. Bag ved det var der et hjemmebygget legehus med tjærepap på taget.

Jeg går ud til børnene. Jeg ved ikke, hvorfor de er der. Carlo siger, at jeg skal sige til en pige med langt mørkt hår, at hun skal gå ind i legehuset. Hun skal røre ved en orm, så får hun 5 kr.

Jeg tror, at Carlo sagde, at det var VIGTIGT, at jeg sagde det til pigen. Jeg sagde det. I legehuset var der et hul ligesom et vindue. Der kiggede jeg igennem. Pigen rørte Carlos penis, som han havde trukket frem og kaldt for "ormen". Jeg havde en mærkelig fornemmelse i hele min krop.

Senere på dagen kom en mor for at hente sin datter. Pigen med det mørke hår må have fortalt sin mor om hændelsen. Hendes mor rystede min arm og sagde med skrigende, skinger stemme: "Hvad har du gjort?" Jeg svarede, at jeg ikke havde gjort noget, og fortalte hende, hvad jeg var blevet bedt om at gøre. Pludselig gik det op for hende, at jeg også var et lille barn. Hun satte sig på hug, kiggede mig i øjnene. Hun havde tårer i øjnene. Jeg vidste ikke, hvorfor hun græd. Derefter gik de op ad vejen. Jeg så dem aldrig igen.

Kapitel 60: Duggen faldt

Jeg må have været omkring 5½ år. Min mor giver mig en slags ble på og sætter mig vredt og hysterisk og meget hadefuldt ude i haven på græsplænen ved nogle blomster. Hun siger, at jeg skal blive der, og at jeg ikke må røre mig. Jeg er i chok over hendes had. Jeg kan ikke græde. Der er ingen til at trøste mig. Min mor kører hadefuld, vred og hysterisk på cykel op ad vejen. Jeg sidder stille på græsset. Jeg rører mig ikke. Jeg sidder der mange timer. Duggen faldt. Min mor har glemt, at jeg er til. Hvordan jeg kom ind i huset, husker jeg ikke.

Mor, hvorfor må jeg ikke røre mig?

Smagle

Kapitel 61: Askegrå røg

Vi besøgte i mine første år mine morforældre i Smagle, og efter morfars død min mormor. En af de gange, vi var i Smagle efter morfars død, skete der noget forfærdeligt. Min mor brændte sit barn, min halvbroder, i kvaset foran vaskehuset. Hun havde lige haft barnet i maven. Jeg havde selv mærket, at det var der. Min lillebroder. Min mors mave bar ham. De fik ham ud, min mormor og min mor. De brændte ham på bålet. Han skreg. Min mor sagde: "Pivskid" til ham og sagde: "Om lidt bliver du en engel". De brændte ham. Der var en tyk askegrå røg, der blæste hen over marken.

Senere kom min morbroder Hasse og tog et billede af min mor, min mormor og mig. Jeg ville ikke fotograferes sammen med nogle, der dræber og brænder børn. Jeg løb og løb rundt i haven, men blev fanget af min mormor, der holdt mig fast i sit skød. Jeg havde helt strakte ben, for jeg slappede ikke af. Det kunne jeg ikke, for jeg havde lige hørt gennem døren, at min mormor havde samleje med sin søn Hasse. Han sagde til hende: "Jamen du er min mor". Hun svarede: "Kom nu, vis nu, at du er en ordentlig karl". Derefter lød der: "Knirk, knirk" i rytmiske bevægelser. Blodskammen blev fuldbyrdet.

Mormor, hvorfor har du sex med Hasse, din søn?

Kapitel 62: Den blå himmel

Min mor gik foran mig med Gussi i hånden. Himlen var blå med få skyer. Det var sommer. Jeg gik bagved dem op ad bakken til mormors hus i Smagle. Vores mor gik og pludrede med Gussi, nærmest lykkelig og lettet. Jeg var omkring 6 år. Pludselig vendte min mor sig om mod mig og spurgte med en mærkelig indladende røst, om jeg kunne se himlen. Jeg kiggede på hende og tænkte, at det var da et underligt spørgsmål. Så sagde hun, at morfar var oppe i himlen, og hun spurgte, om jeg ikke ville op til ham. Jeg svarede, at det kunne jeg ikke. Så sagde min mor, at jeg skulle strække mine arme ud og op for at se, om jeg kunne nå himlen. Jeg syntes, at det var underligt, men gjorde det. Min mor vendte sig mod Gussi og gik et lille stykke, hvorefter hun igen vendte sig mod mig og sagde, at snart blev jeg en engel, der kunne være sammen med morfar oppe i himlen.

Mor, hvorfor skal jeg strække mine arme op mod himlen?

Min mor sagde igen, at jeg SKULLE række hænderne op mod himlen og sige, at jeg gerne ville være sammen med morfar oppe i himlen. Jeg kiggede undrende på hende. Min mor smilede og sagde, at jeg SKULLE sige det. Jeg rakte mine hænder op mod himlen og sagde, at jeg ikke kunne komme derop, det var jo langt væk, og morfar var død. Min mor smilede hemmelighedsfuldt og gik med Gussi i hånden op til mormors hus. Min mors barndomshjem. Min mor må have haft en pose med lidt tøj med i den anden hånd. Mit tøj. Det fyldte kun lidt.

Mor, hvorfor har du alt mit tøj med til mormor?

Min mor sagde, at jeg skulle gå ind i stuen, ikke hvorfor. Min mormor og min mor stod og talte sammen ude i den lille gang. De talte sammen over mit tøj. Min mormor spurgte: "Er du sikker?" Min mor svarede vredt og gik ud ad døren med Gussi, som hun løftede op i luften i euforisk glæde. Hun havde aftalt, at min mormor skulle dræbe mig og brænde mig i kvaset, som hun havde set min mormor gøre med andre børn.

Min mormor lagde en pille mellem mine læber. Jeg lå og sov på hendes sofa under billedet af hendes smilende forældre. Billedet hang over sofaen ved mit hoved. De så glade ud. Jeg tænkte, at de var oppe hos Gud. Jeg bad dem om at hjælpe mig mod min mormor. Jeg kunne mærke pillen mellem mine læber. Jeg sov, men vågnede lidt op. Min mormor gjorde det tre gange som et varsel, og tre gange lod jeg den falde ud fra mine læber. Jeg undgik at blive bedøvet.

Jeg rejste mig og må være løbet ud i haven ad den vej, morfar plejede at gå ud til hønsene. Min mormor kom løbende efter mig med en stor sprøjte med en lang nål og sagde, at jeg skulle have et lille prik i hjertet. Jeg løb og skreg højt i håb om, at nogen ville komme og hjælpe mig. Hun løb efter mig og sagde, at jeg skulle have et lille stik: "Så var det hele overstået". Jeg løb og løb og skreg. Pludselig kom der nogen. Min mormor stod stille, og jeg tog sprøjten og stak den ind i hendes ene bryst. Hun blev svimmel og faldt langsomt om på jorden. Måske lod hun bare som om. Hun lå på jorden og havde lukkede øjne. De, der var kommet, lagde min mormors hoved på deres skød. Der var en mand og en kvinde. De kunne regne ud, at det var min mormor, der ville have givet mig sprøjten. Der var ikke nok i sprøjten til at dræbe hende. Hun havde beregnet den til mig efter højde og vægt. De anmeldte det ikke. Ingen gjorde noget. Jeg var i livsfare. Min mormor forstod på varslet, at jeg skulle leve. Min mormor havde lovet sin datter at dræbe mig. Min mor ville dræbe skammen. Min biologiske far var hendes fætter, som ikke var myndig, da hun ventede mig. De kunne ikke blive gift. Hun ville dræbe skammen. MIG.

Mor, hvorfor beder du mormor om hjælp til at dræbe mig?

Kapitel 63: Stranden

Vi er på stranden ikke langt fra Smagle. Vi er min mormor, min morbroder Hasse og mig. Min mormor havde et tæppe. Jeg sidder på et håndklæde et stykke til venstre for min mormor. Hasse er til højre for mig. Jeg er omkring 5 ½ - 6 år. Solen skinner, og bølgen er blå. Vi spiser mad. Først siger min mormor, at der ikke er noget mad til mig. Jeg bliver ked af det. Jeg får lidt mad.

Min mormor ligger på tæppet med sin kjole åben, så solen kan varme hendes kønslæber. Hun ligger og stønner og vånder sig. Jeg går ud i vandet. Inden siger min mormor, at Hasse skal tage sine underbukser af, så hun kan se, hvor stor han er blevet. Han tager dem modstræbende af og siger, at han ikke er nogen lille dreng. Min mormor gnægger ved synet og siger, at nu er han stor nok til hende. Jeg går ud i vandet, langt ud. Vandet når mig til halsen. Da jeg vender mig om, kan jeg se, at Hasse ligger ovenpå min mormor og laver rytmiske bevægelser med underkroppen. De havde sex. Mit håndklæde ligger et stykke væk fra dem. Noget efter kalder Hasse på mig fra strandbredden. Langsomt og lidt modstræbende kommer jeg ind. I bilen på vej hjem til Smagle spørger min mormor, hvad jeg så på stranden. Jeg svarede: "Et håndklæde". Hun ville have, at jeg skulle gøre noget med mine fingre på venstre hånd. Jeg vidste, at jeg ikke skulle fortælle hende, hvad jeg havde set. Hun var en heks.

Væmmelse

Kapitel 64: Dalen

Da jeg var 2 til 5½ år, boede vi i nummer 2 hus i Væmmelse. Vi havde overtaget det, da jeg var 2 år.
Carlo havde lejet en robåd en time. Vi lagde ud fra søens bred. Vi fik et vækkeur med, så vi kunne holde øje med tiden. Vi havde været der flere gange. Der lærte jeg at ro. Jeg husker en gang, hvor jeg var alene i båden sammen med Carlo. Carlo roede og prøvede hele tiden at få mig til at gå til en af bådens sider, så han kunne vippe mig i vandet og få mig til at drukne. Bådsmanden havde sagt til mig, at uanset hvad Carlo sagde til mig, skulle jeg blive ved med at sidde i midten af båden. Han sagde meget bestemt, at jeg ikke måtte gå ud til siden af båden. Der var sikkert gået mere end en time. Da vi kom tilbage, var der en mand i en gummidragt. Da han fik øje på mig, tog han masken af igen.

Andre gange, hvor vi roede, var Gussi og Palle også med. Min mor var aldrig med i båden. Hun gik inde i skoven og skreg. Høje hvinende skrig. Carlo lo og sagde, at det gjorde hun nogen gange. Når vi skulle hjem, havde hun et skotskternet tørklæde bundet stramt om sit ansigt. Kinderne og øjnene var røde. Hun var tavs.

Mor, hvorfor skriger du i skoven?

Det var sommer. Solen skinnede ned i søen. Der var ænder i søen.

90

Vi sad på nogle ældgamle bænke tæt ved søen. Jeg sad på bænken med udsigt over søen. Jeg sad til højre for Carlo. Min mor sad overfor os. Vi skulle spise frokost. Der blev taget madpakker frem. De var i stanniol. Jeg må have været omkring 5 år gammel. Carlo spurgte mig, om jeg glædede mig til at få noget at spise. Jeg svarede glad og forventningsfuld, at det gjorde jeg. Han tog min mad, krøllede den helt sammen og smed den ud til ænderne. Jeg fik ingen mad. Det gjorde ænderne heller ikke. Tårerne sved i mine øjne. De kom ikke ud. Min mor sagde ingenting, men kiggede undrende og tilbedende på Carlo, når han var ond mod mig. Deres fælles ondskab mod mig, var det, der holdt dem sammen i deres ægteskab.

Mor, hvorfor giver du mig ikke min mad?

Kapitel 65: Incesten

Jeg var omkring 5 år. Carlo sagde, at han havde et dyr, han ville vise mig, en orm. Han tog mig ind i et lille kammer. Han havde blåt arbejdstøj på. Han havde ormen i hånden. Jeg sagde, at den ikke havde nogen øjne. Carlo sagde, at jeg skulle ae den, fordi den var ked af det. Den græd. Jeg kunne jo mærke efter, om den ikke var våd. Carlo sagde, at jeg skulle kysse ormen, så ville den blive glad. Først var jeg bange, så ked af det, fordi ormen var ked af det. Jeg kyssede ormen. Ormen rejste sig op. Jeg skreg, blev bange og ulykkelig. Jeg havde jo ikke gjort den noget, hvorfor ville den så gøre mig noget?

Carlo sagde, at jeg skulle tage mine bukser af. Jeg sagde, at jeg ikke skulle på toilettet. Han sagde, at jeg SKULLE tage dem af, og at jeg SKULLE gøre, som han sagde. Han skældte mig ud. Han sagde, at han gerne ville se "måtten". Jeg pegede på måtten, der lå foran døren. Han sagde, at ormen sov, og at jeg ikke skulle være bange. Jeg gik hen for at se, om ormen sov. Carlo tog mig op og satte mig på sit skød. Jeg ville ned og bevægede mig kraftigt for at komme ned. Han holdt fast med sine hænder om mine inderlår og sagde, at

jeg skulle sidde stille, ellers ville han få mine ben til at falde af. Jeg grinede og sagde, at det kunne han ikke. Han sagde, at det kunne han godt. Så tog han fat om mine inderlår, så fast at jeg ikke kunne mærke mine ben. Jeg skreg. Han løsnede lidt, så blodet kom tilbage til mine ben. Han sagde, at jeg skulle sidde HELT stille.
Jeg ville ikke miste mine ben, så jeg ikke kunne blive stor og løbe væk.

Jeg sad stille. Carlo vendte mig og kastede mig op i luften og sagde, at jeg skulle ramme ormen. Carlo spurgte, om jeg ville se, hvor ormen boede. Jeg var træt, ulykkelig, men nikkede. Han viste mig, at den sad fast på ham. Jeg væmmedes. Han sagde, at jeg skulle rejse mig op og stå på hans lår, at jeg skulle slikke hans tunge. Det ville jeg ikke. Carlo sagde, at jeg SKULLE gøre det. Jeg slikkede hans tunge. Jeg skulle stikke min tunge ind i hans mund, så ville han sutte den fast. Carlo pustede og stønnede. Han løftede op i min kjole og slikkede min numse. Jeg var forskrækket. Han vendte mig om, holdt fast om mine inderlår og kørte min numse op ad ormen, op og ned. Jeg skreg af angst. Jeg ville ikke miste mine ben, jeg havde jo siddet stille. Jeg blev kørt op og ned. Carlo stønnede, vendte mig om, så jeg kunne se ind i hans mund, hans drøbel. Han gav et stort brøl. Drøblen vibrerede. Jeg blev angst, bange og ulykkelig. Jeg havde røde og blå pletter på mine inderlår.
Drøblen bevægede sig hurtigt i indgangen til den mørke hals. Der lød et stort brøl, da Carlo fik udløsning. Carlo havde sagt til mig, at jeg skulle slikke på hans tunge. Carlo havde holdt fast på mine inderlår og kørte dem op og ned ad sine kønsorganer. Jeg husker en stor følelse af sorg og forvirring. Jeg havde ondt over det hele. Jeg sov på gulvet under vinduet.

En anden gang: Der var brugte biler overalt. Det var sommer. Carlo tog min venstre hånd og sagde, at ormen gerne ville besøge mit numsehul. Vi var på vej ind i en garage eller et værksted. Jeg kiggede ned i jorden for at se, om der kom orm op af jorden, der ville se mit numsehul. Vi kom til værkstedet. Det hele blev mørkt. Min sjæl blev mørk. Jeg husker intet derfra.

Jeg lå i sengen med min kjole på.

Jeg havde løftet op i kjolen, så at min mor kunne se mærkerne på mine inderlår. Der var fingeraftryk, blå og røde mærker. Jeg ville vise hende, hvad Carlo gjorde mod mig. Det var min måde at bede om hjælp på.

Mor, hvorfor ser du ikke mit råb om hjælp?

Den gang havde jeg stadig min morfar. Jeg fortalte morfar om det hemmelige rum, og at der var en orm, der var meget glad for mit numsehul, og at den kom frem, når jeg sov. Jeg skulle lægge mine ben i nogle holdere, der var på et bord. Ormen nev mig i endetarmen. Jeg havde sagt til Carlo, at han skulle sige til ormen, at den ikke måtte nive mig i numsen. Jeg viste morfar, hvad Carlo havde sagt, at jeg skulle gøre i det lille rum med skamlen på tre ben. Morfar havde tårer i øjnene. Han hulkede og hulkede og græd og græd. Han ville give mig et knus, som han plejede at gøre. Jeg kunne ikke tage imod det, blev stiv i min krop. Evnen til nærhed var blevet ødelagt på grund af incesten.

Morfar, hvorfor græder du?

Min morfar konfronterede min mor med, hvad der var sket med mig, og hvad der skete. Hun blev arrig og tog mig anspændt op på sin arm og sagde, mens morfar hørte det: "Er vi så onde imod dig?" Hun var ikke ægte. Jeg kunne mærke det og ville ned. Jeg ville med morfar. Senere så jeg morfar udenfor. Han havde en lang grå frakke på. Jeg så kun hans ryg. Jeg sagde: "Morfar sur?" Han sagde nogle lyde. Jeg tror, at han græd. Hans hjerte var knust. Han døde kort efter af en blodprop i hjertet. Han faldt om ude på gårdspladsen i Smagle. Han var på vej ud for at fodre høns, efter at han havde spist til aften. Ryggen af min morfar er det sidste, jeg husker af ham.

Mor, hvorfor lytter du ikke til morfar?
Morfar, der ønskede så meget godt for sine børnebørn, blev knust, da han stod over for ondskaben selv. Jeg tror helt bestemt, at han nu er hos Gud, og at Gud lader ham vide, at hans kærlighed altid vil være i mit hjerte, og at han har åbnet mine øjne for "Tro, håb og Kærlighed", selv når alt syntes ondt og mørkt.

Kapitel 66: Læge Bøgesson

En dag lå jeg i sengen. Jeg sov i en seng med tremmer. Jeg tror, at det var kravlegården, der var blevet min seng, for at jeg ikke skulle gå nogen steder om dagen. Jeg havde feber og sov meget. Der blev sat mad på sengekanten kl. 12. Jeg kunne ikke rejse mig op. Jeg fik ikke noget at spise. Måske var det dengang, jeg havde mellemørebetændelse. Jeg fik to slags medicin. Nogle dråber. En slags var gennemsigtig grønligt. Det smagte grimt. Den anden slags var lyserød og smagte sødt. Læge Bøgesson må have været på besøg hos os. Jeg havde kjole på nede i kravlegården. Jeg havde løftet kjolen op over hovedet og lod, som om jeg sov. Jeg ville have, at han skulle se de røde og blå fingermærker, der var på mine inderlår ved skridtet. Lægen gik ud til min mor i køkkenet. Der var en heftig samtale i diskant. Jeg antager, at han havde bemærket de røde pletter af fingeraftryk. Jeg var ulykkelig. Jeg fik ingen mad. Jeg blev seksuelt misbrugt. Jeg var udsat for vanrøgt. Min mor havde med høj, skinger stemme sagt: "At så har han ikke noget at komme hjem til". Hun lovede sikkert bod og bedring, men det skete ikke. Vi flyttede, da jeg var omkring 6 år. Min morfar var død. Han døde, da jeg var 5½ år gammel.

Mor, hvorfor lytter du ikke til lægen?

Vi havde tidligere været oppe hos læge Bøgesson. Sådan som jeg husker det, skulle vi op ad nogle trapper til 1. sal. Jeg, Gussi og min mor var der. Da vi var færdige, blev der rakt en skål frem med pinocchiokugler. Gussi tog en stor håndfuld. Det fandt min mor charmerende og smilede til lægen. Jeg tog også en håndfuld, siden det vakte glæde. Det måtte jeg ikke. Jeg blev mødt med kulde og forargelse. Jeg var storesøster.

Mor, hvorfor må jeg ikke få pinocchiokugler?

En anden gang, da jeg var 5 år, var jeg hos læge Bøgesson. Problemet var mine fødder. Jeg husker, at jeg ikke måtte komme ud. Jeg kunne ikke komme ud, for jeg havde ingen sko. Min mor prøvede at proppe mine fødder ned i nogle sko og kunne ikke forstå, at det gjorde ondt, og at jeg sagde: "AV". Vi gik på vejen, min mor,

Gussi og jeg. Jeg var hele tiden ved at snuble. Min mor skyndede på mig med vrede og undren. Jeg kunne ikke gå. Hun tog mig til læge Bøgesson. Min mor fortalte ham, at jeg havde svært ved at gå. Han prøvede vist at forklare hende, at mine fødder var vokset, og at skoene var for små. Det var derfor, jeg ikke kunne styre mine fødder. Jeg sagde til læge Bøgesson, at min mor ikke ville kunne forstå det, hvis hun ikke selv oplevede det. Læge Bøgesson tog hendes sko, fyldte dem med avispapir og bad hende om at tage dem på og gå efter en lige streg på gulvet. Det kunne hun ikke. Hun sad ned og græd og sagde, at de ikke havde råd til sko, tror jeg. Lægen lyttede og gjorde et eller andet.

Mor, hvorfor forstår du ikke, at jeg vokser?

En dag var der nye sko under frakkerne. Jeg troede, at de var til mig, for vi havde netop været hos lægen. Jeg blev derfor glad, da jeg så skoene. Da jeg ville tage dem på, blev min mor fyrig og arrig og sagde, at de var til Gussi. Jeg blev meget ked af det og skuffet. Jeg havde ingen sko. Jeg kunne ikke forstå, at alting var til Gussi. Mine fødder var vokset. Jeg blev holdt indenfor.

I lang tid kunne jeg ikke komme udenfor og lege. Jeg prøvede at finde nogle sko i lejligheden. Jeg fandt Gussis sko, der var større. Dem kunne jeg passe. Min mor blev vred og sagde, at dem måtte jeg ikke bruge, for det var Gussis. Det endte med, at jeg gik udenfor på bare fødder midt i al skramlet. Min mor sørgede ikke særlig godt for mig.

Mor, hvorfor er du så ondskabsfuld?

Andre gange sad jeg alene på gulvet med bare fødder. Der var intet legetøj. Der var ingen, der snakkede med mig. Jeg husker ikke, om jeg fik mad. Jeg tror, at de andre var udenfor. Nogle gange blev jeg lukket inde på badeværelset. Lyset blev slukket. Jeg sad der længe, alene i mørket. Jeg var blevet glemt eller bevidst lukket inde. Jeg smurte bæ på væggen. Jeg sad mange timer alene i mørket.

Mor, hvorfor lukker du mig inde på badeværelset?

Kapitel 67: Morfar

Mens min morfar stadig levede, havde jeg mange gode oplevelser med morfar, når jeg var på ferie i Smagle. Min morfar og jeg nød at være i naturen, nød luften, solen, himlen, bladene, der raslede i vinden. Det bløde lange græs mellem de høje frugttræer, der stod mellem græsplænen og køkkenhaven. Der var en køkkenhave bagved et af udhusene, som også fungerede som garage. Der var et gammeldags das i udhuset. Det havde ikke været brugt i flere år. Der lå også en gammel madras. Måske tog morfar en lur der for at kunne være lidt for sig selv, når han ikke sad og bad til Gud ude ved hønsene.

Morfar takkede Gud for hele skaberværket. Han takkede for naturen, luften, solen, himlen, for planterne og træerne, for bladene, som vi havde hørt rasle i vinden, for det klare vand, som slukker vor tørst. Han takkede også for sine børnebørn og bad om hjælp til dem i nødens stund. Han bad for mig, idet han lagde hånden varsomt på mit hoved og sagde: "Jeg takker Gud for dig, min pige. Jeg beder om håb og glæde til dig. Må Gud altid være med dig". Tak Gud for de ord, som altid har fulgt mig.

Kapitel 68: Hvem er farmor

Jeg er omkring 5 år. Det er eftermiddag, og flere sidder omkring kaffebordet i stuen, den varme sommerdag. Flere børn. De sidder og taler om, hvem der er deres farmor. Min mor prøver at sige til mig, at Fru Slochs også er min farmor. Det sagde hun efter, at hun havde sagt, at lederen af plejehjemmet i Eskilløv var min farmor. Det havde hun sagt noget tid før, men plejehjemslederen have afvist det. Jeg blev meget forvirret. Der er meget støj i stuen. Jeg bliver bedrøvet og meget ked af det. Nogen lyver. Jeg hader løgn. Morfar hadede løgn. Børnene, der har deres farmor, bliver meget vrede på mig. De siger, at deres farmor ikke er min farmor.

Senere kommer jeg på ferie hos dem. Fru Slochs siger, at jeg skal gøre det samme hos dem, som jeg gør derhjemme. Hjemme bliver jeg låst inde i et rum. Derfor gik jeg ind i et lille rum, hvor der var en bænk. Jeg lagde mig på bænken, og døren blev låst udefra. I det lille rum lå der vaskepulver med gift til fluerne. Jeg stod op for at se fluernes sidste dans. Jeg prøvede at gætte, hvilken vej de ville danse, inden de faldt omkuld.

Jeg fik kun ét måltid. En stor portion havregrød. Jeg kunne ikke lide havregrød. Jeg blev tvunget til at spise det hele. Fru Slochs sad med en stor saks og sagde, at jeg skulle række tungen frem, så hun kunne klippe min tunge af. Jeg blev bange. Hun nød, at jeg blev bange. Jeg sagde til hende, at man ikke må være ond. Hun sagde: "Hvem siger det?" Jeg svarede: "Morfar".

Jeg lå hver dag, når jeg ikke var låst inde, på sofaen i stuen. Jeg studerede fluerne i loftet og så dem blive fanget af flueklisterbånd, hvor de blev limet ind i døden. Jeg kedede mig og ventede kun på, at denne elendighed skulle ophøre. Hr. Slochs havde fået kontakt til 6 drenge på min alder. Nogle jeg kunne lege med. Jeg blev bange, vidste ikke hvorfor. Jeg ville ikke lege med drenge.

Min mor kom, satte sig ved spisebordet overfor Fru Slochs og spurgte mig, hvem der var djævlen. Jeg pegede på dem begge. Min mor spurgte mig, hvem der var Gud. Jeg rakte pegefingeren i vejret.

Mor, hvorfor spørger du mig om Gud?

Hr. og fru Slochs var baptister. De var plejeforældre til min stedfar Carlo. Carlo havde været 2 år på børnehjem, inden han kom hos dem. Han blev aldrig adopteret. Det var en stor sorg for ham. Han døde af en trafikulykke efteråret 1995. Der blev slukket for respiratoren. Nu er han hos Gud. Fred være med ham.

Kapitel 69: Zig Zag i kornmarken

Jeg var 4-5 år gammel. Carlo var efter mig udenfor. Det var noget med, at han ville have ormen ind i min mund. Jeg blev rædselsslagen. Jeg tænkte på regnorme. Dem ville jeg ikke have i munden. Jeg løb alt, hvad jeg kunne, i zig zag i kornmarken. Jeg lagde mig ned og holdt vejret, så han ikke kunne høre, hvor jeg var. Jeg lå og kiggede op på himlen. Jeg ønskede, at jeg var hos Gud, at jeg var død, så jeg kunne slippe væk fra Carlo, der altid var efter mig. Jeg lå der længe, timer. Det var ved at blive mørkt. Jeg kunne høre Carlo kalde med en sødladen stemme. Det skræmte mig, men jeg blev. Pludselig lød han begejstret og sagde, at morfar var kommet. Jeg græd og var ked af det, fordi jeg ikke kunne se morfar, som jeg elskede meget højt. Jeg kom frem og fulgtes med Carlo ind, men morfar var der ikke. Det var alt sammen løgn. Jeg troede, at morfar var kørt, fordi jeg havde gemt mig i kornet. Min mor var i køkkenet. Hun bebrejdede Carlo, at han havde bildt mig ind, at morfar var kommet.

Mor, hvorfor beskytter du mig ikke mod Carlo?

Kapitel 70: Chokoladen

Det var i Væmmelse. Jeg var omkring 5 år. Vi havde lige haft gæster, for der var chokolade i køkkenet. Gussi havde chokolade over hele munden og ud på kinderne, da jeg kom tilbage efter at have vinket farvel til Hasse, min morbroder. Der var ikke gemt noget til mig. Jeg var meget ulykkelig og ked af det, fordi de ikke havde tænkt på mig. Min mor blev ved med at sige til mig, at jeg SKULLE sige, at Gussi gerne måtte få min chokolade, fordi hun så gerne ville have det. Jeg tav længe, sagde det til sidst, fordi jeg blev presset. Jeg var meget ked af det indeni. Mine følelser blev ikke respekteret.

Mor, hvorfor gemmer du ikke noget chokolade til mig?

Jeg husker en anden gang, hvor Gussi ville tegne, og jeg ville lave noget andet. Min mor tvang mig til at sidde ved bordet ved Gussi. Jeg havde ikke lyst til at tegne, men ville noget andet. Da min mor var gået, tog jeg Gussi væk fra tegnepapiret og hen i en stol. Jeg sagde, at jeg bestemte, hvad hun skulle lave, og at hun ikke måtte tegne, når det tilsyneladende var bestemt, at jeg ikke måtte gøre det, jeg gerne ville. Min mor blev rasende på mig, men kunne ikke se, at hun lige havde gjort det samme mod mig. Hvorfor skulle jeg opgive mine ønsker for at leve og udtrykke mig på Gussis præmisser.

Min mor var meget umoden. Måske manglede hun evnen til at forstå, at børn er meget forskellige og har forskellige behov. Hun var en meget dårlig, umoden og ondskabsfuld mor.

Mor, hvorfor forstår du ikke, at børn er forskellige?

Kapitel 71: Kjolen

Det var i Væmmelse. Min mor havde fået en pakke med noget tøj bl.a. en sort, mønsteret kjole, som hun gemte øverst i et skab. Jeg fik besked om ikke at give den til Gussi, lige meget hvad. Jeg var ca. 5 år, Gussi 1½ år yngre. Min mor var væk i flere timer. Der var ingen til at passe mig. Da min mor var gået, vrælede Gussi og pegede på skabet, hvor kjolen var. Jeg kravlede op og fik fat i kjolen og gav hende den på. Min mor kom sent hjem. Gussi løb hende i møde, og vores mor smilede til hende. Jeg husker ikke, om min mor smilede til mig, men tror det ikke. Jeg fik en kommentar vedrørende kjolen, som Gussi havde på. En vred kommentar.

Mor, hvorfor er du altid vred på mig?

Kapitel 72: Uret tikkede

Jeg var 5 år og sad ved spisebordet i Væmmelse. Uret tikkede på væggen. Min mor sad for bordenden, tillukket og kold. Uret tikkede. Klokken var halv. Min hud var kold, alle mine indre organer var næsten kolde. Jeg vidste, at jeg ville dø af indre kulde, inden klokken blev hel. Gud sagde til mig, at jeg skulle sige til min mor, at jeg ville dø, inden klokken blev 12.00, og at hun ikke ville komme til at se morfar, hvis jeg døde. Uret tikkede. Den var 10 minutter i

12.00. Jeg lagde hovedet på bordet og forberedte mig på det, der måtte komme. Min mor havde indgået en pagt med sin mand og Satan om ikke at vise mig omsorg eller kærlighed. Min mor sad stille med et bedrøvet udtryk. Hun så kold ud. Klokken var 10 minutter i 12.00, da hun tøede lidt op, efter at hun havde fået at vide, at hun ikke ville komme til at se morfar, hvis jeg døde. Hun satte mig på sit skød, lagde hænderne på min krop. Langsomt begyndte varmen at vende tilbage til min krop. Huden gjorde ondt. Jeg sad på hendes skød. Huden brændte, blodet vendte tilbage til kroppen, jeg fik varme. Hendes arme omkring min lille krop fik mig til at mærke mit hjerte igen. Jeg sang og nynnede og dansede med mine fødder siddende på hendes skød. Min mor sagde, at jeg ikke måtte sige noget til far om, at jeg havde siddet på hendes skød. Det var en hemmelighed. Hun havde lyst til at skyde ham, sagde hun. Da Carlo kom hjem, var jeg glad. Glad, fordi jeg havde en hemmelighed sammen med min mor. Bag Carlo hang der billeder af os på væggen. Han havde kigget vredt på mig, fordi jeg var glad. Jeg gik ud og hentede geværet, han havde stående, gav det til min mor, satte mig på min mors skød overfor ham og sagde, at hun skulle holde det for mig. Jeg satte fingeren på aftrækkeren og sagde, at hun skulle hjælpe mig med at trykke. Jeg var 5 år. Geværet brugte han til at skyde fugle med. De fugle, der sad på trådene mellem masterne. Jeg havde tit bedt ham om at "pille" en fugl ned til mig. De var dejlig varme. Når de blev kolde, gav jeg dem videre til min mor. "UF!" sagde hun og smed dem i affaldsspanden. Jeg kunne ikke forstå, at hun sagde: "UF!" De var da så søde.

Mor, hvorfor satte du mig først på dit skød i sidste øjeblik?
Men jeg takker Gud, for at Han gjorde det. Jeg føler, at Han har sendt en engel i sidste øjeblik, som fik hende til at gøre det. Det kan give et håb om, at kærligheden kan overvinde kulden i et menneskes hjerte. Tak Gud.

Kapitel 73: Øksen

Vi kørte fra Væmmelse til Falster, til en bondegård, hvor min mors kusine Ingelise boede. Min mor sad inde i køkkenet og snakkede med Ingelise. Carlo og Gussi gik udenfor og kiggede på redskaber. Ingelise spurgte, hvem jeg helst ville bo hos: "Mor eller Far?" Jeg pegede på hende.

Mor, hvorfor ville du skilles?

Jeg gik udenfor, blev presset af Carlo til at fortælle, hvad min mor og Ingelise talte om. Carlo brød ind i huset, var aggressiv, troede, at det var de andre, der havde givet mor griller i hovedet. Carlo sagde til mig: "Kan du se den jord, der er derovre?" Om lidt kommer du derned". Carlo svang en økse efter mit hoved. Min mors kusine Inge råbte med høje røst:" Løb". Jeg løb ind i hendes favn. I samme sekund gungrede øksen ind i ladeporten. Da det skete, bukkede min mor sig ned mod mig og sagde:" Det er ikke din far". Jeg var 5 år..

Mor, hvorfor møder jeg ikke min rigtige far?

Ingelise sagde til min mor: "Jeg håber, at du ved, hvad du gør?" da vi alle sammen kørte hjem igen til Væmmelse. Palle var lige født. Han var med i en lift. Carlo spurgte: "Er de andre heller ikke mine?" Min mor sagde, at han skulle tænke sig om.

På det tidspunkt indgik de en pagt med Satan. Carlo sagde til min mor, at hun kun fik lov til at kigge på mig én gang, at hun ikke måtte vise mig nogen form for kærlighed, og at Gussi, hans børn, altid skulle have det bedst. Når han ikke kunne dræbe mig fysisk, ville han ødelægge mig psykisk. Min mor indgik den pagt med ham og med Satan. Det har været med til at forme mit liv. Den pagt blev brudt i 2006. Men det hører en senere tid til (2. del).

Mor, hvorfor indgår du en pagt med Satan sammen med Carlo?

Inden vi kom til bondegården, var vi først ved et stort hus i Eskilløv, det var plejehjemmet. Vi besøgte lederen, en ældre dame med stramt, gråt hår bundet op i en knude i nakken. Der var et stort blankpoleret skrivebord. Min mor sagde, at jeg skulle gå hen til hende og sige: "God dag, farmor!" Damen sagde, at jeg skulle flytte min beskidte hånd, og så strengt på min mor og sagde: "Det vil vi ikke lade os mærke med". Jeg så hende lige ind i øjnene og sagde: "Gud kan ikke lide dig, når du ikke kan lide mig". Hendes brune øjne udtrykte overraskelse, men der var også et lille smil i øjnene. Måske kunne hun genkende sin egen strenghed.

Farmor, hvorfor vil du ikke lære mig at kende?

Kapitel 74: Palle blev født

Jeg sad i stuen. Der lød skrig og brøl fra soveværelset. Jeg vidste ikke, hvad det var, eller hvad der skete, men min mor var ved at føde. Der var en kvinde i blå dragt med hvidt forklæde bundet med en stor sløjfe i ryggen. Hun gik og kogte vand. Hun gik frem og tilbage. På et tidspunkt hev jeg i hendes sløjfe bagpå. Hun vendte sig mod mig. Jeg spurgte hende, om hun ikke kunne finde en anden far og mor til mig, for de forældre, jeg havde, kunne ikke lide mig? Hun kiggede på mig med et underligt udtryk og sagde: "Alle mødre kan lide deres børn". Jeg var 5 år. Jeg tænkte: "Er du dum eller hvad?" Forstår du ikke, hvad jeg siger? Det var den første gang, jeg råbte om hjælp.

Mor, hvorfor kan du ikke lide mig?

Palle blev født. De viste mig ham. Han lå lyserød i tremmesengen. På et tidspunkt lå han lidt højere oppe. Carlo sagde til mig, at jeg skulle gøre med ham, som min mor gjorde. Jeg rejste mig, tog en stor pude og lagde den over drengen, så den også dækkede ansigtet. Det var sådan, min mor gjorde med børn. Det havde jeg selv oplevet. Jeg gik ind til min mor og sagde, at han var død. Mette kiggede på Carlo og sagde: "Hun kan ikke sige sød". Jeg svarede, at jeg godt kunne sige sød, men at han var død. Min mor skyndte sig at rejse sig op og gå ind for at fjerne puden. Min mor tog ham op og sad med ham i armene. Min mor havde et underligt udtryk i ansigtet, mens hun vuggede ham.

Mor, hvorfor forstår du ikke, hvad jeg siger?

102

Kapitel 75: Grisen i udhuset

I Væmmelse var der en gris i udhuset. Carlo og hans broder Ejnar var der og talte om grisen. Carlo stak sin numse ind i grisens bagdel, mens Ejnar var der og sagde: "Soen er bedre end Mette." Jeg gik op til min mor og sagde, at far stak sin numse ind i grisen. Hun kiggede på mig med et stift smil. Jeg sagde, at han havde sagt: "Soen er bedre end Mette." Carlo prøvede at få Ejnar til at gøre det samme. Jeg tror ikke, at han gjorde det, men lod som om. Carlo var sodomit.

Mor, hvorfor hører du ikke, hvad jeg siger?

Det var kort, inden Palle blev født. Carlo havde lagt et klæde rundt om noget og sagde, at jeg skulle give det til min mor. Et hoved stak op øverst, der så jeg et par brune øjne i et grisehoved, som kiggede følsomt på mig. Nederst var der nogle ben, som i mine øjne så ud som drengeben. Min mor pakkede det ud. Jeg så det. Hun tog en skarp kniv stak væsenet ihjel med ordene: "Forbarm dig, Herre!" Måske var det først da, at det gik op for hende, at hendes ægtefælle var sodomit?

Mor, forstår du, hvad Carlo gør?

Kapitel 76: Mine venner

Det var på et smalt stykke. Der var blåternet forhæng. Små tern med hvidt. Bag forhænget stod forskellige krukker. Der stod også en flaske. Den havde to tegninger med agurker med øjne, hænder og fødder. Jeg sad og kiggede på dem. Jeg satte den ene hånd for det ene øje og flyttede hånden til det andet øje. Figuren bevægede sig. Det syntes jeg var sjovt. De blev mine venner.

Jeg havde en grå sweater med to hjorte med gevir på forsiden. De havde store øjne. Der var et hjerte midt i mellem deres gevir. Jeg blev altid varm om hjertet, når jeg havde den på. Mine to hjorte var mine bedste legekammerater. Jeg kunne lide deres øjne. De var mine venner. En dag kunne min sweater ikke længere nå. Den var blevet for kort. Jeg græd, da den blev lagt op i et skab, hvor jeg ikke kunne nå den. En dag sad min mor og strikkede. Hun havde trævlet min lille grå sweater op og var i gang med, at strikke en større. Min mor prøvede at lave hjorte, men de manglede de store, blide øjne. Min mor var venlig imod mig. Måske fordi hun var gravid.

Mor, hvorfor strikker du til mig?

Kapitel 77: Tuberkulosestationen

Der var kun 2 måneder til, at jeg fyldte 5 år. Jeg havde ikke set en bus før. Min mor gik ind i bussen. Om hun hev mig ind i bussen, husker jeg ikke. Jeg blev sat på et sæde og kørte sidelæns. Min mor gik langt væk. Hun lod, som om hun ikke kendte mig. Det så ud, som om jeg var alene. Det var så tydeligt, at en ældre dame i bussen begyndte at tale med mig. Jeg vidste ikke, hvornår jeg skulle af, eller hvor vi skulle hen. Jeg kom af bussen. Vi skulle til Tuberkulosestationen. Min mor gik med lange skridt foran mig. Jeg kunne ikke følge med. Da vi kom ind i bygningen, var der en stærk lugt. Vist også nogle, der skreg. Jeg var skræmt.

Mor, hvorfor lader du, som om du ikke kender mig?

En dame kaldte på mig. Min mor gik ikke med. Hun stod langt væk og var iskold. En sygeplejerske holdt mig, og der blev jaget en lang nål ned i min venstre skulder. Det var calmettevaccinationen. Sådan som jeg husker det, var der en venlig sygeplejerske, der trøstede mig bagefter. Jeg husker ikke hjemturen.

Kapitel 78: Fotografen

Jeg var 4-5 år og hos fotografen. Jeg ville ikke smile. Carlo lovede mig en bold magen til den, fotografen havde, hvis jeg ville smile. Den fik jeg aldrig. Da vi gik ned ad trappen hos fotografen, rakte jeg begge mine hænder ud gennem gelænderets tremmer i et ordløst: "Hjælp!" Fotografen tog et billede. Fotografen satte billedet af mig i vinduet. Min mor så billedet, gik ind til fotografen og bad om negativerne. Hun rev dem i stykker. Hun brød sig ikke om den sandhed, billedet udtrykte. Jeg tror kun, at de tog mig til fotografen for at sende billeder til morfar, så de kunne få penge til mad og til at forbedre ejendommen.

Mor, hvorfor river du negativerne i stykker?

Kapitel 79: Et bestemt beløb

Min mor sad ved spisebordets midterside med et halvt nedslået blik fuld af selvmedlidenhed, mens hun kiggede vemodigt og bedende mod sin far, der sad for bordenden. Jeg var 4-5 år og sad ved siden af ham. Når min mor kiggede hen mod sin far, kunne hun ikke undgå at se mig. Det gjorde hende vemodig blandt andet. Hun havde meget vrede mod mig, ikke mindst fordi morfar viste mig kærlighed.

Mor, hvorfor kan du ikke lide, at morfar viser mig kærlighed?

Min mor havde sagt til mig, at jeg skulle hviske morfar i øret om et bestemt beløb, så var jeg sød. Jeg kiggede på min mor, da jeg havde gjort det. Hun havde røde kinder og et beregnende blik. Morfar kaldte på min mor og fór ind i en anden stue. Kort efter skulle vi hjem. Jeg tror ikke, at mit forhold til min morfar blev helt det samme igen. Min mor prøvede at ødelægge det.

Mor, hvorfor ødelægger du det, at jeg har det godt med morfar?

Carlo sagde, at jeg skulle stige ud af bilen og stille mig i vejkanten. Det var mørkt. Det var koldt. Han sagde, at han ville hente mig om lidt. Bilen kørte, og det blev helt mørkt. Der kom en anden bil. Den stoppede. De voksne spurgte, om jeg ikke ville ind på bagsædet. På samme tidspunkt kom Carlo og Mette tilbage. Jeg tror nok, at jeg var på bagsædet i den anden bil og ikke ville ind i deres igen. Først da Gussi sagde mit navn til de andre i den bil, der var standset, kørte de væk igen.

Mor, hvorfor ser du ikke, at jeg er væk?

Kapitel 80: Ejnar

Ejnar, Carlos broder, smurte maden til mig i Væmmelse. Jeg var omkring 4 år. Han skar den ud i 4 stykker, så det passede til min hånd, og spurgte mig, hvad jeg ville have på. Han spurgte mig med en så venlig stemme, at jeg blev tryg og lidt glad og sagde til ham, at han ikke måtte gå, for så fik jeg ikke noget mad. Jeg blev angst, da han sagde, at han skulle hjem, for så fik jeg ikke noget mad igen. Min mor sad på en stol med væggen som ryglæn. Hun vippede manisk det ben, hun havde lagt over kors ved knæet og lo. Hun vippede benet med store bevægelser.

Mor, hvorfor ler du af min angst?

Ejnar talte strengt og bebrejdende til Carlo om, at han skulle behandle mig ordentligt, vise mig omsorg og give mig mad. Min mor lo indvendigt med skadefryd over, at jeg blev bange for, at jeg fremover ikke fik noget mad. Det blev en sandhed, at jeg ofte kun fik vand at drikke fra hanen, for der var ingen mad. I stedet fik jeg en pille, jeg skulle spise, så jeg blev så træt og faldt i søvn meget længe. Ingen så til mig. Ingen vaskede mig. Ingen gav mig nyt tøj på. Og hvis de gjorde, gjorde de det, mens jeg sov. Så behøvede min mor ikke at forholde sig følelsesmæssigt til mig og mine behov. Til min menneskelighed.

Mor, hvorfor giver du mig piller?

Min mor kunne tro, at jeg var: "Dukke-Lise", som hun læste så meget som barn. Hun nød at gøre mig bange. Hun nød at gøre mig ked af det, se sorgen, hjælpeløsheden og angsten i mine øjne. Hun nød at tage alt det væk fra mig, der kunne give mig tryghed. Hun nød at ødelægge morfars kærlighed til mig ved at udnytte hans kærlighed til mig ved at presse ham til at give dem eller låne dem penge. Min mor ville både "blæse og have mel i munden". Hun havde selv valgt sit ægteskab. Det mindede morfar hende om. Det byggede på løgn. Det er mit indtryk, at min mor forsøgte at leve et anstændigt liv. Min mor vidste, at hun var gift med en alkoholiker. Hun vidste, at hun var gift med en pædofil.

Mor, hvorfor nyder du at gøre mig ulykkelig?

Kapitel 81: Køkkenet på 1. sal i Væmmelse

Min mor sad ved bordet i køkkenet og vippede manisk med sit højre ben. Hun havde lagt benene over kors. Det højre over det venstre ben. Hun sad på en stol med ryggen op ad væggen i den lille kvistlejlighed. Carlo sad til højre for hende ved enden af stålbordet i køkkenet. Maden stod så højt oppe, at jeg ikke kunne nå den, og min mor frydede sig over det. Hun hadede mig, helt fra jeg blev født, ja allerede inden jeg blev født. Det samme gjorde min mormor. Min mormor var en heks. Hun lavede besværgelser, men kom fra Indre Mission og var medlem af menighedsrådet i Smagle.

Mor, hvorfor hader du mig?

Vi, min mor og jeg sad i køkkenet. Hun havde sat et stearinlys i en flaske og så venligt på mig. Pludselig blev det mørkt. Lyset var brugt op. Hun lagde en stor sort plastiksæk over mit hoved i mørket. Hun gjorde det bagfra og lagde snoren om min hals, først løst, så sagde hun, at jeg skulle sige: "AV!" og lukke øjnene. Jeg sad stille og ventede. Jeg skubbede sækken væk i mørket. Jeg kunne mærke, at der var fare på færde. Hun ville dræbe mig. Hun forsøgte mange gange. Hun ville ødelægge mit liv, dræbe mig. Hun kunne ikke bære at se mit ansigt, der lignede hendes fætters ansigt så meget. Hun kunne ikke bære at se konsekvenserne af sine handlinger og valg.

Der skal to til sex.

Mor, hvorfor prøver du at dræbe mig?

En anden gang sad min mor også og vippede med foden på en manisk måde. Hun sad på en taburet, lænende ryggen op ad en dør eller en trævæg. Hun tyggede og gumlede. Gussi sad på en lille taburet overfor, og vores mor havde god kontakt med hende og sørgede altid for, at hun fik noget at spise. Jeg sad lidt længere væk. Min mor havde sagt, at jeg skulle sidde med mine ben oppe under kjolen og sige til, når jeg ikke længere kunne mærke mine ben. Der var ingen mad til mig. Min mor sagde, at jeg skulle rejse mig. Det kunne jeg ikke, mine ben sov. Der var ingen, der sørgede for mad til mig. Sammen lo de over, at jeg ikke kunne nå køkkenbordet, hvor maden stod. Sammen lo de over, at jeg ikke kunne bevæge mine ben. Benene sov. Jeg var ulykkelig. De lo endnu mere. Vores mor gjorde meget ud af at tale varmt og opmærksomt til Gussi. Jeg var som luft. Højst latterliggjort. Mine behov blev gjort til grin.

Mor, hvorfor griner du over, at jeg ikke kan bevæge mine ben?

Det var efterår. Et stearinlys blev tændt i køkkenet. Det havde jeg aldrig set før. Kastanjerne lå på køkkenbordet, der var af stål. Tændstikker uden hoveder var der også. Vores mor viste, hvordan man kunne lave en giraf, en ko og andet. Jeg lavede dyr. Det var sjovt. Så sagde min mor, at jeg skulle lave et dyr til Gussi, og hun tog alt det væk, jeg havde lavet. Det måtte jeg ikke få. Hun kunne ikke lide, når jeg var glad. Når jeg var glad, blev hun ked af det. Jeg var dybt skuffet, dybt ulykkelig og meget frustreret. Hun bar Gussi på armen. Jeg sad på en stol. Den var hård. Jeg var alene. Helt alene.

Mor, hvorfor må jeg ikke være glad?

Kapitel 82: En maske på

Jeg var omkring 4 år gammel. Jeg husker, at Carlo sagde, at ormen kun turde komme frem, når jeg sov. Han sagde, at ormen godt kunne lide at bide i mit numsehul. Jeg skulle have en maske på og trække vejret dybt. Jeg var glad og villig. Jeg ville ikke gøre ormen ked af det, når den nu var så glad for mit numsehul. Når jeg vågnede, kunne jeg mærke, at ormen havde besøgt mit numsehul. Jeg var både glad og ked af det på samme tid. Smigret over, at ormen var så glad for mig. Ked af det, fordi ormen kun turde komme frem, når jeg sov. (Jeg blev bedøvet).

Carlo hvisker mig i øret, at jeg skal hoppe op og ned, for så bliver mor glad. Han har placeret mig på sit skød og sat sine fingre uden på kjolen, hvor hans fingre har lavet mærker på mine inderlår alle de gange, han har befamlet mine bare lår. Det havde jeg prøvet at fortælle mor ved at løfte op i min kjole, når hun havde lagt mig i seng. Enten fordi jeg skulle sove til middag, eller fordi der ikke var noget mad, eller bare fordi hun ville være fri for mig. Hun opdagede mærkerne og konfronterede sin mand med det. Han placerede mig på sit skød, sagde, at jeg skulle hoppe op og ned, at jeg skulle grine, når jeg gjorde det, "for så bliver mor glad." Jeg gjorde, som han sagde, og min mor gav mig en lussing. Jeg forstod ikke, hvorfor jeg fik en lussing, når Carlo lige havde sagt, at mor ville blive glad. Carlo virkede lettet og kærtegnede hendes venstre bagdel med veltilfredshed over ikke at være blevet afsløret. Han dækkede over sin pædofili.

Mor, hvorfor giver du mig en lussing?

Jeg gemte mig hos duerne, højt oppe. Jeg var kravlet op ad en 4 meter høj stige bare for at komme væk. Jeg snakkede med dem. Jeg spurgte dem, om der var nogen, der bollede med en dreng, når de kom hjem fra skole. Jeg gik ikke i skole. Det var et ord, jeg havde hørt af de større børn, der boede i Væmmelse.

Kapitel 83: Fejekosten

Jeg stod på det øverste trin på trappen. Den var meget stejl. Jeg var 4 år, og min mor havde sagt, at jeg skulle feje trappen. Hun havde givet mig fejebakken af metal. Den var stor. Hun havde givet mig det nederste af en kost. Den var sort. Jeg fejede og gik baglæns. Trappen var stejl og drejede i et skarpt hjørne. Min mor tog kosten og satte den på en lang stang og puffede mod mit ansigt. Jeg bukkede mig og holdt fast med mine små fingre og blev stående. Jeg havde fejebakken med mig. Min mor blev meget vred og skuffet. Hun var rød og hvid i hovedet og sagde så med indsmigrende stemme, at jeg skulle vise, om jeg kunne gøre, ligesom hun gjorde, hvorefter hun løftede begge hænder og bøjede hovedet tilbage. Jeg gjorde det samme, og lige da jeg gjorde det, puffede hun mig med den sorte kost på mit ansigt med et voldsomt tryk, der gjorde, at jeg faldt bagover med meget stor kraft og trillede og trillede hele vejen ned ad trappen og landede på en stor lysebrun måtte, der kradsede. Det var en meget hård trætrappe. Jeg lå som død på en dørmåtte, chokeret og fortumlet. Jeg græd vist ikke, men var meget fortumlet. Gussi var kommet løbende, halvt nede på trappen og stod og græd, fordi jeg var faldet. Min mor gik ned til hende, holdt om hende, gav hende et knus og sagde, at hun ikke skulle være ked af det, for der var ikke sket mig noget. Hvorefter hun med høj røst råbte til mig, at jeg skulle rejse mig og feje trappen færdig. Hun råbte, at jeg ikke kunne blive ved med at ligge der. Jeg fik ingen trøst, ingen opmuntring. Vores mor var helt tydeligt vred over, at det ikke var lykkes for hende at slå mig ihjel. Jeg var 4 år.

Mor, hvorfor puffer du mig i ansigtet?

Kapitel 84: På ferie hos morfar

Vi sidder i køkkenet. Mormor er bagved og laver mad. Vi sidder ved bordet i køkkenet. Det er ved væggen. Morfar sidder ved vinduet med ryggen til døren til mellemgangen ind til spisestuen. I mellemgangen står der en trædesymaskine. Bag den er der et stort skab i lysebrunt træ med skuffer og nøglehuller. Vi sidder i køkkenet,

Gussi, morfar og jeg og spiser frokost. Solen skinner gennem vinduet. Græsset er grønt og himlen blå. Nogle gange kører der et tog forbi for enden af haven. Jeg har spist og siger grinende til morfar, at jeg har snydt Gussi, fordi jeg har fået mad mere end én gang om dagen. Morfar kigger på mormor, der står lidt bagved mig, og siger, at man skal spise tre gange om dagen. Jeg bliver meget vred, og det går pludselig op for mig, at vores mor har løjet for mig, når hun sagde, at Gussi skulle have al min mad, og at jeg kun måtte få mad én gang om dagen. Vredt rækker jeg ud mod Gussis tallerken og tager af hendes mad som hævn over al den mad, hun har fået, som jeg skulle have haft alle de andre gange.

Morfar prøver pædagogisk at vise, at vi begge skal have lige meget mad og al den mad, vi behøver, men jeg tror, at de fik noget at tænke over.

Senere kom jeg oftere på besøg hos dem alene. De sørgede også for, at jeg blev vasket. Mormor hældte vand i servanten og lagde et håndklæde til mig. Hun sagde, at jeg skulle huske at vaske: "Eyenæ". Jeg spurgte hende, hvad: "Eyenæ" var og fandt ud af, at hun mente ørerne. Det fik mig til at grine, at hun talte så sjovt. Jeg var omkring 4 år og kunne rigtig godt lide at være hos morfar. Han viste mig kærlighed. Jeg havde det sjovt. Jeg var tryg. Det var sommer, solen skinnede, og himlen var blå.

Kapitel 85: Morfar og Carlo

Morfar gemmer mig i spisestuen, hvor morfar holder mig i sin favn. Han taler med Carlo inde i stuen og spørger, hvor mange penge han skal have for at lade mig blive hos morfar. Morfar spørger mig, hvor mange penge han skal have. Jeg viser morfar min hånd. Morfar tæller mine fingre og siger til Carlo, at jeg syntes, at han skal have "5 penge." Han får nogle penge, og de kører væk. Gussi siger farvel, og jeg er alene hos morfar. Jeg er tryg hos morfar.

Det er sommer. Vi er ude i haven. Morfar har sagt, at hvis manden kommer, skal jeg gemme mig og sige til ham, at manden er kommet.

En dag kommer manden (Carlo). Jeg råber: "Manden kommer, manden kommer". Carlo fanger mig. Tager mig hen til bilen. Carlo truer mig med, at hvis jeg ikke kom hen til ham, når han sagde mit navn, ville han slå morfar ihjel. Jeg ville ikke med Carlo. Jeg ville slet ikke, at morfar skulle slås ihjel. Da Carlo så siger: "Kom hen til far", går jeg hen til ham. Ikke fordi jeg vil, men af nød.

Morfar troede, at Carlo havde vundet min tillid. Det havde han ikke, men han truede mig. Jeg var omkring 4 år. Carlo gav mig en øl og gik ind til morfar og fik nogle penge. Det troede han i hvert fald. Det var avisstykker, der var pakket ind i en avis. Jeg sad inde i førerhuset. Carlo sagde: "Din nar" om morfar. Jeg sagde, at jeg skulle tisse. Jeg gik ind i huset, hvor morfar var, og fortalte morfar, at jeg var blevet truet til at gå hen til Carlo, så han ikke ville blive slået ihjel. Morfar konfronterede Carlo med det, jeg havde sagt. Carlo havde hurtigt taget mig og havde, uden morfar så det, bundet mig fast til nogle brædder, der lå på ladet af bilen. Han lagde nogle tæpper over mig, så morfar ikke kunne se, at jeg var bundet, og at jeg derfor ikke kunne rejse mig, da Carlo sagde til morfar, at han kunne kalde på mig og se, om jeg ville komme. Jeg sagde til morfar, at han skulle fjerne tæppet. Jeg ville vise ham, at jeg var bundet til brædderne og derfor ikke kunne rejse mig. Han sagde: "Nej, så fryser du". Langsomt kørte bilen væk. Jeg lå på ladet og kiggede meget bedrøvet op mod stjernerne. Hvor var du, Gud? Jeg oplevede, at Gud havde forladt mig. Jeg holdt op med at bede til Gud - for HAN havde jo forladt mig. Det troede jeg, fordi morfar ikke fjernende tæppet og kunne se, at jeg var bundet til brædderne, der lå på ladet. Men GUD HAR SET ALT OG VED ALT.
Tak Gud for, at Du er der, også når vi oplever tomhed og mørke. Lyset skinner i mørket, selv når vi ikke ser det, og så træder Du endnu klarere frem efter mørket (Sjælens mørke nat.)

Kapitel 86: Viktualiekælderen

En dag jeg var på ferie hos mormor og morfar, siger mormor til mig: "Du må ikke fjerne gardinet, så spøger det". Gardinforhænget var foran hjørnet i mellemgangen, hvor alt det syltede stod.

Døren til kælderen havde en skrå lem, der skrabede mod cementen i den lille gang. Der var en trappe, der førte op til stuen, hvor der stod en tøjrulle. Den var nok mest til lagner og dynebetræk og de hvide duge. Der var mørke gulvbrædder i gulvet. Der var et vindue i gavlen, hvor man kunne se ud til garagen, hvor morbroder Hasses bil ofte holdt. Det var en folkevogn.

I kælderen, der havde hvidkalkede nubrede vægge, var der lange hylder med små fade og krukker, der var dækket til. Der stod også en trætønde med saltede varer. Måske var det kød, måske fisk. Der var mange spændende ting. Jeg holdt af at gå derned og bare stå og snuse og kigge.

Kapitel 87: Ferie hos min gudmor

Da jeg var 4-5 år, var jeg på ferie hos min gudmor, hun var uddannet sygeplejerske og gift med en gårdejer. De boede på en stor gård med mange dyr. De havde en datter, der var lidt yngre end jeg. Vi legede sammen. Da jeg skulle hjem, gemte jeg mig i en kiste. Jeg tror, at jeg fik meget brugt tøj af dem.

Mor, hvorfor var jeg på ferie hos min gudmor?

En anden gang var vi på besøg på en anden stor bondegård med mange dyr. Vi havde fået småkager. Det var lige før spisetid. Det virkede, som om de ventede på, at vi skulle køre. Jeg spiste mig mæt i småkager. Jeg fik en rugbrødsmad i køkkenet. Jeg løb efter den store kat, der havde fået killinger. Den var blød. Jeg ville have den med hjem. Det fik jeg. Den blev afleveret næste dag.

Kapitel 88: Vandkanden

Jeg var omkring 4 år. Døren til køkkenet blev lukket, og min mor sagde til Carlo, at han skulle sørge for, at køkkendøren hele tiden var lukket, og at jeg ikke kom derud. Ellers ville jeg blive jaloux, sagde hun. Jeg var inde i stuen. Jeg kunne høre Gussis stemme hvine af fryd. Pludselig gik døren op. Jeg så, at vores mor talte varmt til hende, hældte vand fra en kande ned over ryggen på hende. Jeg fik en dyb sorg i mit hjerte og i mine øjne, da det gik op for mig, at vores mor gjorde en stor forskel på os. Jeg vidste ikke hvorfor. Jeg kom frem i køkkenet. Vores mor skiftede ansigtsudtryk, pakkede et håndklæde om Gussi og løftede hende op.

Mor, hvorfor gør du forskel på os?

Jeg sagde, at jeg også ville vaskes. Vores mor hældte vand op i vandfadet til mine fødder og sagde, at nu kunne jeg vaske mig. Jeg sad der længe, ventede på, at min mor smilende ville komme og hælde vand ned ad ryggen på mig, som hun havde gjort med Gussi. Vandet blev koldt. Min mor kom ikke. Jeg sad og stirrede ud i luften og kunne ikke forstå, hvad der var i vejen med mig. Det var et usselt køkken. Først, da min mor kom for at slukke lyset i køkkenet, opdagede hun, at jeg var der. Min mor havde glemt mig. Min mor kom sent, var hårdt tillukket i ansigtet. Hård og kold, spurgte, om jeg var færdig. Hun tog vandet og smed det ud. Jeg blev ikke badet. Jeg var meget ulykkelig. Det eneste selskab, jeg havde, var en mus. Den var kravlet ud af komfuret og løb hen over køkkengulvet. Den kiggede nysgerrigt på mig.

Mor, hvorfor glemmer du mig?

Min mor havde fået mig med sin fætter. Jeg var ikke ønsket. Jeg var ikke elsket. Jeg var ikke værdsat.

Kapitel 89: Mariekiks

Morfar stod udenfor i aftenkulden. Det var mørkt udenfor. Jeg siger til morfar, at jeg aldrig må få noget for mor, at hun altid tager det fra mig, som han giver mig. Morfar giver mig en rulle mariekiks og siger, at den er til mig. Jeg spørger, om jeg gerne må beholde den for mig selv. Det siger han ja til. Jeg bliver glad og oplever tryghed og tager om hans lange ben i taknemmelighed.

Vi skal ind i bilen, en lejet bil. Jeg sidder på bagsædet. Min mor sidder til højre på forsædet. Morfar siger til min mor, at hun skal vise kærlighed og omsorg til begge sine børn. Hun lover sin far det og får nogle penge af ham. Så snart bilen er udenfor hans synsvidde, vender min mor sig om mod mig og siger: "Det skal han ikke bestemme". Så tager hun den rulle mariekiks, jeg har fået af morfar, fra mig og giver en stak til Gussi og siger til hende, at hun skal give mig én kiks. Min mor nyder at gøre mig ked af det, at såre mig. Jeg bliver forvirret og fortvivlet, for morfar har fortalt, at mennesker, der lyver, må man træde på. Det kunne jeg godt regne ud, at han må have sagt til hende under hendes opvækst. Jeg blev forvirret over, at hun havde lovet morfar også at vise omsorg overfor mig, og at hun så ikke gør det. Hun lyver. Jeg er fortvivlet, for der er ingen, der kæmper for min retfærdighed, når vi er uden for morfars synsvidde. Bilen kører ud i mørket. Jeg sidder i bilen sammen med dem, men helt alene.

Mor, hvorfor lyver du altid?

Hvor var Du, Gud?
Nu bagefter er jeg blevet klar over, at Gud altid er der, også når man føler sig forladt, Morfar lærte mig, at Gud altid er der, og at Han ofte sender hjælp i nødens stund.

Kapitel 90: Opvasken

Jeg husker en gang, min mor tog mig hårdt i armen, venstre arm, da hun fandt ud af, at jeg gemte mig bag en lænestol. Jeg gemte mig for hendes ondskab. Hun slæbte mig ud i køkkenet på 1. sal, hvor vi boede, da jeg var 4 år gammel.

Situationen var den, at jeg netop var begyndt at vaske op, lavede sjov og udtrykte hele min personlighed med humor og sjov. Gussi, min lillesøster, der var 1½ år yngre end jeg, lo højlydt. Vores mor kom i døren. Jeg talte til hende, mens jeg smilte varmt og hjerteligt. Hun så køligt, koldt på mig, svarede ikke, men behandlede mig som luft. I stedet talte hun med Gussi og svarede hende varmt på det, jeg havde spurgt hende om. Som om det var Gussi, der havde spurgt hende. Det var det ikke. Vores mor gav hende et stort forklæde på, når hun nu "ville hjælpe mor med at vaske op". Det gjorde hun ikke, hun stod og så på. Den ondskab løb jeg væk fra, gemte mig bag den store lænestol i stuen, hvor min mor voldsomt og med meget meget spyt i munden, hev mig frem og ruskede i mig med ordene: "At man skal afslutte det, man er startet på". Jeg var 4 år og havde selv taget initiativet til at vaske op, for det var det, jeg havde set vores mor gøre. Jeg fik ingen opmuntring, ros. I stedet kulde og had, fordi jeg var glad. Hver gang jeg var glad, blev vores mor meget ked af det, kold og kynisk. Hun tog Gussi væk, lukkede døren. Så kunne jeg stå der helt alene - 4 år gammel - og vaske op, med sorg i hjertet og tårer i øjnene over, at jeg ikke blev talt til, ikke syntes om, ikke holdt af, ikke elsket.

Mor, hvorfor behandler du mig som luft?

Kapitel 91: Nielsen

Fra jeg var ½ år, til jeg var 2 år havde vi boet i et mindre hus overfor mekaniker Nielsens gamle hus. Det ville Carlo gerne købe. Vi flyttede derover på 1. sal og lod Nielsen beholde et lille værelse, ja nærmest kun et lille køkken i stueetagen.

Mens Nielsen endnu levede, smed nogle af de store piger grene og kviste og andre ting ind ad brevsprækken til ham.

Han gjorde mig angst og bange.

Nielsen sagde til mig, der var 4 år, at jeg skulle sige til Carlo, at han snart ville se noget rødt på væggen, han skulle komme og se. Derefter lød der et: "Bang", og han lå nede på gulvet. Jeg kunne ikke se ham. Jeg gik hen til Carlo og Mette og fortalte det, Nielsen havde sagt. Carlo slog det hen og sagde, at det nok bare var noget maling. Det var det ikke.
Efter nogle dage kom der små dyr ud ad brevsprækken, hvor Nielsen boede. Det var en varm solrig dag. De små dyr var gennemsigtige med mange ben og noget rødt indeni. Han var inviteret til suppe, men han kom ikke. Carlo og Mette var ligeglade. De tænkte mest på, at de sparede penge. Jeg tog nogle små dyr med op til dem. Nogle mennesker kom og undersøgte det. Jeg husker, at døren til mekanikeren blev åbnet. Han havde skudt sig selv. Der var små dyr overalt. De havde spist det meste af hans ansigt. Der var rødt over det hele.

Mange år senere fortalte, ja nærmest pralede Carlo med, at han havde drukket Nielsen fuld, og at han havde brændt lejekontrakten i en kakkelovn med ordene: "Vi behøver ikke en lejekontrakt, vi kan stole på hinanden." Derefter flyttede vi ind i huset, hvor han fik tildelt et lille værelse i sit eget hus og blev tilbudt at komme og spise suppe. Derudover prøvede Carlo at tilbyde ham at have sex med mig. Jeg var 4 år og fik besked af Carlo om, at jeg skulle sætte mig på Nielsens skød og gnide min numse mod hans penis. Min mor sad og så, hvad der skete. Jeg blev bedt om at gå væk. Jeg fik ikke noget aftensmad, når jeg var så uartig. At det var hendes mand, der havde bedt mig om det, brød hun sig ikke om. Nielsen begik selvmord på grund af Carlos egoisme. Nielsen havde mistet alt, og Carlo var ikke til at tale til fornuft. Han løj, snød, manipulerede og stjal. Carlo var plejebarn hos en baptist familie, der udnyttede ham som billig arbejdskraft. Han havde fået mange tæsk. Carlo søgte tryghed hos dyrene, hestene, grisene og hundene.

Mor, hvorfor ser du ikke, hvad Carlo gør?

Kapitel 92: Frokost i Væmmelse

Faktisk kan jeg ikke huske, at jeg spiste aftensmad i Væmmelse. Kun frokost. Køkkenbordet blev brugt som spisebord. Carlo sad for enden af det med Gussi på skødet. Min mor sad til højre for ham på en taburet og brugte væggen som ryglæn. Jeg sad i en stol, der kunne slås ned, så det også var et bord. Jeg sad mellem køkkenbordet og komfuret. Maden stod på køkkenbordet. Højt oppe. Jeg kunne ikke nå den. Ingen gav mig noget mad. Ingen viste mig omsorg. Jeg var 4 år.

Mor, hvorfor giver du mig ikke noget mad?

Kapitel 93: Hos duerne

Jeg kravler ud på taget fra det hemmelige rum. Der er tjærepap på taget. Det skråner, og jeg kan ikke komme frem eller tilbage, så vil jeg falde ned på jorden. Der er højt ned. Carlo ser mig og tager den 4 meter høje stige hen til mig og siger, at jeg skal lukke øjnene og gribe fat om det øverste trin på stigen. Det gør jeg. Jeg holder min egen vægt oppe i armene. Carlo flytter stigen hen til udgangen for duerne. Han siger, at jeg skal blive på stigen, indtil han kommer og henter mig ned. Der er tunge skridt på stigen. Han puster og stønner. Han tager mig ned ad stigen, og jeg er på jorden uskadt. Mette roser ham.

Andre gange klatrer jeg alene op på den 4 meter høje stige. Jeg vil op til duerne. I begyndelsen hakker de på mig og basker med vingerne. Jeg kravler ind til dem. De er stille. Jeg søger tryghed hos dem. Jeg kigger ud mod den blå himmel og ønsker at kunne flyve væk, langt væk. "Op til dig Gud. Hvor var du"?

Mens jeg var hos duerne, fortalte jeg dem om min hemmelighed. Jeg spurgte dem, om de ikke kunne tage mig på deres vinger. Jeg sagde til dem, at jeg ville ønske, at jeg havde vinger, så jeg kunne flyve langt væk. Pludselig bevægede halmballerne sig, og Carlos blå kedeldragt kom til syne. Han nøs. Jeg blev angst og stum. Nu var mine inderste tanker og følelser åbenbaret for ham, der ødelagde mit hjerte og numsehul. Jeg var angst. Jeg blev båret ned ad stigen, så husker jeg ikke mere. Jeg var ikke i sikkerhed nogen steder. Heller ikke hos duerne.

Kapitel 94: I soveværelset i Væmmelse

Det var i soveværelset. Gussi og jeg havde en seng i forlængelse af hinanden. De vendte den korte gavl til hinanden. En nat, da jeg var ved at falde i søvn, forstyrrede min mor mig, lige inden jeg skulle falde i søvn. Hun tog en lommelygte og lyste mig direkte ind i mine øjne. Det var meget ubehageligt. Jeg kunne ikke sove bagefter.

Mor, hvorfor lyser du mig ind i øjnene?

En anden gang vækker min mor mig og siger, at jeg skal ud. Jeg står ud af sengen og tager mit tøj på. Min mor havde sagt, at jeg skulle ud. Min mor havde sagt, at jeg skulle se noget sødt. Jeg var meget spændt på at se, hvad det var. Min mor tager mig hen til Gussis seng, hvor hun ligger og sover med en tommelfinger i sin mund. Min mor havde vækket mig af min søvn, for at jeg skulle se det. Bagefter gik jeg i seng og sagde meget højt, at jeg også er sød. Underforstået, at jeg skulle have lov til at sove. Min mor tyssede og lukkede døren. Hun var ligeglad med, at hun havde forstyrret min nattesøvn.

Mor, hvorfor ødelægger du min nattesøvn?

Kapitel 95: Alene

Jeg husker en gang i Væmmelse, hvor Gussi blev passet. Det var en dag, hvor
slagtervognen kom. Der var kødpålæg og leverpostej bagerst i vognen. Den var mørkeblå.
Jeg var alene. Der var ingen store piger, der ville passe mig. Jeg var

119

sikkert snavset. Min mor kom, hun havde været til tandlæge og fået alle tænderne trukket ud. Gussi kom og løb hende i møde med åbne arme. Min mor smilede til hende og tog hende op på sine arme. Jeg havde en strikket bluse på. Min mor tog mig hen til et hønsehegn og bandt min trøje fast til nettet. Hun sagde, at jeg ikke måtte tage min trøje af, og at jeg ikke måtte ødelægge den. Jeg skulle blive stående, sagde hun. Det blev aften. Det blev mørkt. Det var koldt. Duggen faldt. Jeg stod der længe og begyndte at knappe min trøje op og lod den hænge i hønsenettet. Hvem der kom og hentede mig, husker jeg ikke. Måske en engel.

Mor, hvorfor binder du mig fast til hønsenettet?

En anden gang, da jeg lå i min seng tung i hele kroppen, hørte jeg latter ved døren. Jeg steg ud af min seng og gik ud for at se, hvem det var, der lo. Der var en dame med Gussi på armen. Hun talte med min mor, og de lo. Damen sagde til min mor: "Nej, har du to?" Hun pegede på mig og spurgte om, hvem der passede mig? Jeg var meget bedrøvet, pegede på mig selv. Jeg passede jo mig selv.

Mor, hvorfor fortæller du ikke, at jeg er dit barn?

Kapitel 96: Nimbussen

Gussi og jeg blev sat ud i nimbussen med sidevogn. Der blev lagt et tæt tæppe over os, da vi sad i sidevognen. Jeg var omkring 4 år. Palle var ikke født endnu. Motorens varme brændte bag mig, og jeg krøb frem for at gøre opmærksom på dette. Tæppet blev bare lagt tættere over mit ansigt. Jeg kunne ikke få luft.

Mor, hvorfor hører du mig ikke?

Jeg gav min mor Gussis hånd i håb om, at når hun kunne mærke, at den blev kold på grund af iltmangel, ville de stoppe. Det var vinter. Jeg fandt et lille hul at ånde igennem. Pludselig standsede nimbussen. Gussis hånd var blevet kold. Tæppet blev lagt på sneen, og Gussi blev lagt på tæppet - ikke jeg. Jeg stod op og så det.

Langsomt fik vi ilten igen. Vi havde været ved at dø. Gud bevarede os i live. Det er ikke mit indtryk, at min mor var særlig klog, men meget uforstandig og ufornuftig. Lav IQ. Uden forældre-evne og omsorg.

Mor, hvorfor lukkede du tæppet tæt til, hvor vi sad?

Kapitel 97: Pigen i spejlet

Da jeg var 3 år, kom mor livligt hen til mig og spurgte, om jeg ville lege med en pige på min egen alder. Jeg blev helt varm om hjertet over, at hun havde set mig. Set mine behov. Jeg blev meget glad, smilede og snakkede forventningsfuldt om, hvad jeg ville lege, når jeg mødte pigen. Min mor stod stille, svarede ikke. Min mor sagde, at jeg skulle tage noget pænt tøj på, når jeg skulle møde pigen. Jeg ville have den grå sweater med de to hjorte på, for de var mine bedste legekammerater. De havde smukke øjne. Hun tog mig med en indladende stemme ud på badeværelset. Jeg stod lidt uden for døren, for jeg vidste, at der ikke boede nogen lille pige derinde. Min mor kalder med en lys, venlig stemme og siger bestemt, at jeg skal komme derind. Hun tager en høj taburet derind. Jeg siger, at den anden pige ikke kan nå mig, når jeg er oppe på taburetten. Jeg smiler og ler forventningsfuldt.

Pludselig kan jeg se en anden pige i vinduet. Hun ser meget bedrøvet ud og er meget ked af det. Det kan jeg se i hende øjne. Jeg vinker til hende. Hun vinker igen. Jeg prøver at vinke med den anden hånd og spørger så, hvordan den anden pige kan vide, hvornår jeg vinker. Min mor siger så, at jeg skal sætte hånden på væggen. Pigen gør det samme. Pludselig går det op for mig, at der slet ikke er en anden pige, og at den meget bedrøvede pige, jeg ville lege med, så hun blev glad, er mig selv. Min mor tager mig op, ikke for at trøste mig, men for at mærke min sorg, forskrækkelse, forvirring, som hun nyder med et lille veltilfreds smil, inden hun sætter mig ned på gulvet alene i stuen. Hun fjerner al legetøjet fra mig. Jeg sidder der helt alene. Jeg forsvinder ind i mørket.

Mor, hvorfor smiler du, når du er ond?

Kapitel 98: En dum kælling

Jeg var omkring 3 år. Min mor sad ved køkkenbordet i Væmmelse med en avis opslået foran sit ansigt. Jeg kom gående mildt sludrende over dørtrinnet til min mor. Hun ignorerede mig. Hun havde helt tydeligt hørt mig. Jeg kom i tillid til at blive hørt og få den nødvendige opmærksomhed. Jeg blev ignoreret, og da det fortsatte, begyndte jeg at bande og kalde min mor: "En dum kælling". Det må jeg have hørt min stedfar Carlo kalde hende.

Mor, hvorfor ser og hører du mig ikke?

Kapitel 99: Flyttedag

Da vi flyttede over til Nielsens hus, var det tredje gang, jeg flyttede i mit liv. Jeg var 2 år. Vi flyttede ind i huset overfor. Det var et gammelt hus med værksted og lejlighed på 1 sal. Det er revet ned nu, har jeg hørt. Der er lavet en motorvej. Jeg tror ikke, at min mor syntes om at flytte derover i alt det beskidte gamle skrammel. Der var brugte biler overalt på marken.

Solen skinnede. Luften var kold. Det var forår. Min mor havde givet mig en plastikskål i hænderne. Jeg fik den besked af min mor, at jeg kun måtte gå over vejen, når der kom en bil. Jeg ventede pænt, til der kom en bil, og gik så ud foran den på vejen. Bilen slog sin gul/orange vinge ud og standsede. En mand steg ud af bilen. Han havde hat på. Han spurgte mig, hvor jeg boede. Jeg pegede på begge huse. Han tog min hånd og ringede på døren til det lille gule hus, vi var ved at flytte fra. Min mor åbnede døren og virkede vred og ophidset. Jeg forstod ikke hvorfor. Jeg havde gjort, som hun sagde.

Mor, hvorfor er du vred over, at manden bragte mig sikkert hjem?

Det var en af de gange, Gud sendte en, som reddede mig. Tak Gud.

Det gule hus i Væmmelse

Kapitel 100: Klædeskabet

I Væmmelse boede vi først i et lille gult hus. Vi boede der, til jeg var ca. 2 år. Jeg legede gemmeleg med min mor, men til sidst kunne jeg mærke hendes vrede og had og gemte mig for alvor i klædeskabet bag alle frakkerne. Der var lige en lille sprække, så jeg kunne få luft. Min mor gik forbi og lukkede skabsdøren. Klædeskabet stod i soveværelset. Jeg kunne ikke få luft og begyndte at banke på døren indefra på skabsdøren. Efter et stykke tid kom min mor og åbnede venstre side, hev mig ud, skældte mig ud, hev mig i venstre arm og slæbte mig hen ad gulvet. Jeg blev meget bange. Jeg tror, at jeg havde en ud af kroppen-oplevelse. Jeg så min mor slæbe mig hen ad gulvet. Hun sagde, at jeg skulle stå på mine ben. Jeg tænkte, at jeg hellere måtte vende tilbage til mig selv. Jeg mærkede min mors arm, der holdt hårdt og stramt på min venstre overarm. Jeg var forskrækket, bange og forstenet. Jeg husker ikke rigtig mere.

Mor, hvorfor lukker du døren til klædeskabet?

Kapitel 101: Min morfars kærlighed

En dag kom morfar på besøg i Væmmelse. Han havde et tøjdyr med til mig. Det var en tøjabe. Jeg blev meget glad og varm om hjertet, da morfar gav den til mig og sagde, at den var til mig. Jeg elskede morfar, og han elskede mig. Det kunne jeg mærke. Min mor havde taget alt det andet legetøj og givet det til Gussi. Jeg havde ikke noget. Nu havde jeg en tøjabe. Så snart morfar var gået, tog min mor min tøjabe og gav den til Gussi, hvorefter hun tvang mig til at sige, at den tøjabe, jeg lige havde fået af morfar, var Gussis. Det var den ikke. Den var min. Der var en stor sorg i mit hjerte. Hvorfor blev alting taget fra mig? Hvorfor måtte jeg ikke få noget? Eller have noget?

Mor, hvorfor tager du min tøjabe?

124

Min mor sad i køkkenet. Hun sagde, at jeg ikke måtte sige noget, og hvis jeg sagde noget, fik jeg ikke lov til at komme ned til morfar. Min mor vidste, at jeg elskede morfar, og morfar elskede mig. Min mor brugte det som et magtmiddel til at få mig til at tie stille. Min mor ønskede ikke, at jeg var glad og udtrykte mig. Enten ignorerede hun mig eller blev arrig. Min mor var mest glad, når jeg var ulykkelig eller ked af det. Min mor nød at være ond imod mig og knække mig. Min mor nød at ødelægge min personlighed, der er skabt af Gud.

Mor, hvorfor må jeg ikke sige noget?

Måske var det min mors måde at fjerne sin egen skyldfølelse og ikke mærke eller erkende, at hun var ond? Jeg ved det ikke. Måske mente hun, at hun var god, når hun var ond?
Men der var noget, hun ikke kunne tage fra mig, min morfars kærlighed. Den blev givet i mine tidligste år. Den føltes som tryghed og glæde, den gav mig et håb i livet. Med dette håb erfarede jeg, at den kærlighed stammede fra Gud. Derfor vil jeg bede en bøn til Gud og takke ham, fordi jeg fik en morfar, der viste hen til Ham, der selv er Kærlighed.
Tak Gud for, at Du gav mig en morfar, som kunne åbne mig for dig, som kunne lære mig at kende Dig, så der altid var et glimt af håb, når alt så mørkt ud. Tak Gud for morfar. Amen.

Kapitel 102 Bamserne

Min mor tager madrassen og alle bamserne, der er inde i kravlegården og lægger bamserne på sengen. Jeg er ca. 2 år og peger på bamserne. Min mor tager mig op i sengen og fjerner alle bamserne og den bløde dyne og lægger det hele ned i kravlegården og lader mig ligge i den hårde seng. Jeg peger på bamserne nede i kravlegården, der er firkantet med tremmer for. Jeg vil ned til bamserne. Hun tager mig ned til bamserne, som hun fjerner fra kravlegården og lægger dem op på sengen og lader mig sidde alene på den hårde, lysebrune masonitplade, der udgør bunden af kravlegården. Jeg bliver bedrøvet, frustreret og meget ked af, at hun hele tiden gør det modsatte af, hvad jeg ønsker. Hun ser min bedrøvelse, tager alle de små bamser, som jeg tror sundhedsplejersken er kommet med, holder dem op foran mig og siger, at jeg ikke må græde eller være ked af det, når hun tager alle mine bamser. Hun tager alle mine bamser og lægger dem hen på sengen, hvor hun har lagt Gussi. Hun tager mig op af kravlegården og lægger Gussi derned sammen med alle mine bamser og siger, at jeg skal se på bamserne. Bamserne, der er mine, og som jeg ikke kan nå. Min mor har med veltilfreds fryd over sin ondskab, sat mig så langt væk på sengen uden dyne, at jeg ikke kan nå dem, men blot se, at Gussi får opfyldt det, som jeg bad om. Mine bamser. Min mor frydede sig. Hun var i begyndelsen af 20'erne. Jeg var hendes første barn. Barnet hun fik med sin fætter. Jeg blev meget ked af det, bedrøvet og lukkede mig inde i mig selv. Min mor var uberegnelig. Det er sikkert og vist.

Mor, hvorfor fjerner du bamserne, så jeg ikke kan nå dem og røre ved dem?

Kapitel 103: Sundhedsplejersken

Jeg kan huske, at der kom en dame. Det har nok været sundhedsplejersken. Hun satte mig ned i kravlegården og begyndte at lege med mig. Hun gav mig legetøj, og jeg gav hende legetøj. Jeg syntes om det og var glad. Hun kaldte på min mor for at få hende til at lege med mig.

Mor, hvorfor lytter du ikke til, hvad sundhedsplejersken siger?

Sundhedsplejersken spurgte mig om, hvilket tøjdyr jeg bedst kunne lide, og jeg sagde det, fordi jeg var tryg. Min mor kom og spurgte mig. Jeg sagde det modsatte af, hvad jeg kunne lide, fordi jeg havde opdaget, at min mor altid tog de ting, jeg kunne lide. Jeg kunne ikke stole på hende. Min mor gjorde mig ulykkelig. Jeg var utryg og bange indeni. Jeg kunne ikke stole på nogen. Carlo og Mette var kolde og uberegnelige. Det var meget svært for mig at blive til og udvikle mig i det miljø.

Kapitel 104: Brændenælderne

Det var sommer. Vi var ude på græsplænen i Smagle hos morfar og mormor. Der var sat bord og stole op i skyggen. Solen skinnede på græsplænen bag ved huset. Morfar sad i skyggen i haven ved de store træer. Han havde ansigtet vendt mod det hvidkalkede hus. Min mor var der også. Hun kaldte på mig med en indladende lys stemme og sagde, at jeg skulle komme, hvorefter hun grinende pressede mig ind i nogle meter høje brændenælder og sagde, at jeg skulle omfavne dem. Jeg havde ikke noget tøj på. Det brændte på kroppen. Jeg græd. Min mor lo og havde en dyb tilfredsstillelse over at have påført mig smerte. Morfar tog mig op og smurte mig med noget koldt på min hud. Min mor sad og kiggede ned, da han talte venligt til hende om, hvor ondt det havde gjort på mig. Hun virkede lykkelig tilfreds. Morfar synes at ane hendes tilfredsstillelse og tog hende med over til brændenælderne, for at hun selv kunne prøve det. Ved bordet kiggede jeg på min mor og konkluderede, at hende kunne jeg ikke stole på. Jeg var 2 år gammel.

Mor, hvorfor lokker du mig ind i brændenælderne?

Kapitel 105: Puden

Da jeg var omkring 2 år, lå jeg i en barnevogn, der var indenfor. Jeg kan huske, at jeg lå højt oppe. Jeg havde ikke fået mad i lang tid. Jeg skreg og skreg. Alting i mig gjorde ondt. Stærke smerter. Pludselig blev der lagt en stor pude over mig. Den dækkede mit ansigt og blev presset ned over mig. Med alle mine kræfter og al den vrede, jeg kunne rumme og udtrykke, spændte jeg min krop som en flitsbue. Min mor fjernede puden. Jeg kunne igen trække vejret. Jeg fornemmede, at jeg var i fare. Livsfare. Min mor ville dræbe mig.

Mor, hvorfor lægger du puden over mit ansigt, så jeg ikke kan trække vejret?

Kapitel 106: Min mors favorit

Da jeg var 1½ år, blev Gussi født. Derefter var alt på hendes præmisser. Min mor var ikke i stand til at tilgodese mine følelsesmæssige behov, og hun var helt tydeligt ligeglad med dem, for Gussi var min mors favorit. Min berettigelse for at være tilstede var iflg. min mor, at jeg skulle vise Gussi al min opmærksomhed, ikke selv have noget behov, men jeg skulle være til på Gussis præmisser. Jeg brød mig ikke om min mor. Hun kvalte mig følelsesmæssigt.

Mor, hvorfor må jeg ikke have mine egne behov?

Gud har skabt mig. Jeg må gerne være til. Jeg har ret til at være til. Jeg har min berettigelse. Jeg er til for min egen skyld. Jeg ønsker, at mit liv og min død skal være til Guds ÆRE.
Tak Gud, at Du elsker alle Dine børn. Tak Gud for, at alle mennesker er Dine børn, og at Du er så stor, at Du kan elske os alle, selv når vi ind i mellem fejler.

Kapitel 107: Sulten

Jeg husker, at jeg sad i en høj stol ude i køkkenet, og at min mor var ved at skære rugbrød med leverpostej over i små terninger. Jeg var sulten og sagde: "Sutten." Min mor gav mig sutten. Jeg spyttede den ud og sagde: "Sutten." Så kom Carlo og gav mig noget rugbrød med leverpostej og sagde, at jeg skulle give ham et kys først. Jeg var 1½ år. Jeg kunne ikke tale rent. Min mor prøvede ikke at lære at forstå mig. Det var, som om min mor krævede, at jeg kunne tale rent, før end jeg havde lært at tale. Jeg havde ikke lyst til at give Carlo et kys for at få mad. Jeg kunne ikke lide ham. Min mor var sur og muggen og stod med nedbøjet hoved og skar rugbrødsmaden i terninger til katten.

Mor, hvorfor prøver du ikke på at forstå mig?

Kapitel 108: Carlo

Jeg husker engang, jeg lå på ryggen i kravlegården, der stod i stuen. På et tidspunkt stod Mette og Carlo ved forenden og kiggede. Først var jeg vågen, men da Mette og Carlo kom, lod jeg, som om jeg sov. Jeg kunne ikke lide Carlo. Der var ligesom en mørk skygge over ham.

Jeg husker engang, jeg stak fingrene i hans venstre lomme og kunne mærke noget fast. Jeg tog min hånd væk, men Carlo tog fat i min hånd og puttede den ned i lommen. Jeg prøvede at få fat i det faste, men kunne ikke få det op af lommen. Jeg blev frustreret og ked af det. Hvorfor tog Carlo min hånd ned i lommen, når det ikke var muligt at få det op? Det var, da vi boede i det lille gule hus i Væmmelse.

Kapitel 109: Døden nær

Jeg var spæd, havde ble på. Jeg havde tisset i bleen. Min mor lagde mig op på strygebrættet og tog et gloende strygejern og ville stryge min ble, jeg havde på kroppen, tør. Jeg hvinede af smerte. Min mor reagerede med stivhed. Jeg lå højt oppe, blev bange og oplevede, at verden var et ondt og farligt sted.

Mor, hvorfor kommer du et glødende varmt strygejern på min bagdel?

Under brædderne i gangen i det lille gule hus, vi boede i, var der en lem over et hulrum. Lemmen blev løftet, og jeg blev lagt derned. Der var helt mørkt. Der var en lille kant ved lemmen. Der blev lagt en hvid ble og en sut. Jeg var spæd. Jeg kunne se røde lys. Det var øjnene på mus og rotter. De kradsede mig i ansigtet og ved bleen. Min mor gik ovenpå gulvbrædderne over mig og hældte skiftevis koldt og varmt vand ned over mig, der lå alene i mørket. Min mor råbte højt og skældte ud. Hun gjorde det, når hun var alene hjemme. Min mor virkede, som om hun var hidsig, hysterisk og med en masse indestængt vrede og had. Hun håbede og ønskede, at jeg ville dø.

Mor, hvorfor lukker du mig ned under lemmen i mørket til mus og rotter?

Mor, hvorfor hælder du vand ned over mig?

Men Gud har set min mor og alle de onde ting, hun har gjort mod mig. GUD SER ALT.

Jeg var den, jeg er.

Jeg var den, jeg er.

Omtrent her slutter Vejen tilbage mod nulpunktet, som er de tidligste erindringer, jeg har haft.
Men denne vej har vist mig, at der er glimt af håb undervejs, håb jeg kan tage med mig gennem de vanskeligheder, jeg kan møde senere i livet. Disse glimt af håb havde min morfar vist mig. Han havde åbnet mine øjne og mit hjerte for Jesus. Selv kunne han ikke være der hele tiden, men han kunne vise mig hen til Ham, som hele tiden kunne være hos mig. Jesus har lovet at være med mig igennem alle trængsler. Derfor vil jeg slutte mine barndomserindringer med den bøn, Jesus selv har lært os.

Vor Fader, du som er i himlene!
Helliget blive dit navn,
komme dit rige,
ske din vilje
som i himlen således også på jorden;
giv os i dag vort daglige brød,
og forlad os vor skyld, som også vi forlader vore skyldnere,
og led os ikke ind i fristelse,
men fri os fra det onde.
For dit er Riget og magten og æren i evighed! Amen.

Efterskrift

Undervisningen fra Mercy Ships og YWAM har været med til at lede mig på rette vej. Siden efteråret 1997 har jeg været tilknyttet en sakramental, terapeutisk og karismatisk kirke. Jeg har løst sognebånd. Der har jeg fået god hjælp af min ven, præst og mentor og af min skriftefader. Vi erkender stykkevis.

Skt. Patricks Brynje

Jeg omslutter mig i dag
med himmelens kræfter:
solens lys,
månens stråler,
ildens glans,
vindens hastighed,
havets dybde,
jordens tyngde,
klippens hårdhed.

Jeg omslutter mig i dag med Guds kraft:

Guds styrke til at støtte mig,
Guds magt til at holde mig oppe,
Guds visdom til at lede mig,
Guds øje til at se vejen foran mig,
Guds øre til at høre mig,
Guds ord til at tale for mig,
Guds hånd til at læge mig,
Guds vej til at lægges foran mig,
Guds skjold til at beskytte mig,
Guds engle til at redde mig
fra djævelens snarer,
fra fristelserne til at synde,
fra alle, som ønsker mig ondt,
fjern og nær, alene eller i flok.

Måtte Kristus værne mig i dag
fra gift og ild,
fra drunknedød og sår,
sådan at min livsopgave må bære frugt i overflod.

Kristus bag mig og foran mig,
Kristus under mig og over mig,

Kristus med mig og i mig,
Kristus omkring mig og nær mig,
Kristus til højre og venstre,
Kristus når jeg står op om morgenen,
Kristus når jeg lægger mig om aftenen,
Kristus i hvert hjerte, som tænker på mig,
Kristus i hver mund, som taler om mig,
Kristus i hvert øje, som ser mig,
Kristus i hvert øre, som hører mig.

Jeg står op i dag
gennem kraften i din hellige trefoldighed,
gennem troen på enheden,
gennem tilliden til enheden
hos himmelens og jordens Skaber.
Amen.

Forfatterens Tak

En særlig tak til Elisabeth Louise Brøker for hendes store tålmodighed og et meget omhyggeligt arbejde med korrekturlæsning samt arbejdet med bogomslaget.

En særlig tak til Erik Hviid Larsen, der tålmodigt og trofast har kørt mig på 30 researchture til de steder, jeg har boet som barn og under min opvækst.

Uden deres hjælp, støtte og opmuntring havde jeg ikke klaret det.

Denne bog har været 10 år undervejs.
Vejen til genoprettelse kan du læse om i min næste bog.

Noter:

Lukas Evangeliet Kapitel 11 vers 20 er fra Bibelen, Den Hellige Skrifts Kanoniske Bøger Autoriseret af Hendes Majestæt Dronning Margrethe II
Det Danske Bibelselskab. København 2009.

Gengivelse af Ikon er med tilladelse af en græsk ikonmaler. www.ikonostation.com.

Tegningerne i bogen er lavet af forfatteren.

Tegningen med det gule murstenshus har jeg tegnet, da jeg var 7 år.